Helmut Hochrain

Die 5000-Mark-Story
oder
Die Kunst mit kleinen Geschichten das große Geld zu machen

Helmut Hochrain

DIE 5000 MARK-STORY

oder
Die Kunst
mit kleinen Geschichten
das große Geld zu machen

KommaPress

Printed in Germany 1988

Umschlaggestaltung: Gabriel Nemeth
Gesamtherstellung: WB-Druck GmbH & Co. Buchproduktions KG,
8959 Rieden am Forggensee
ISBN 3-924810-01-X

Das Thema – Schritt für Schritt

Der Autor zu seinem Buch

Würde man mich fragen, warum ich in diesem Buch etwas tue, was vor mir – nach meinem Wissen – keiner unternommen hat, nämlich Erfahrungen aus mehr als 30 Jahren Schriftstellerdasein vor meinen Lesern auszubreiten, weshalb ich ohne Zurückhaltung aus dem Nähkästchen plaudere und Berufsgeheimnisse, rare Informationen, Tricks und Drehs und was weiß ich noch bis zur Selbstentkleidung auf den Markt bringe, dann wäre meine Antwort: Ich habe immer und immer wieder sehen müssen, wie hilflos Schriftstellerkollegen – nein, nicht nur die Gelegenheits- und Nebenberufsschreiber, sondern anmerkenswerterweise auch so mancher Profi – den Problemen des Medienmarktes beim Verkauf ihrer Arbeiten gegenüberstanden. Wie wenig sie die Spielregeln beherrschten und wie oft sie gerade das Aussichtslose, das Falsche, um nicht zu sagen das Selbstzerstörerische, taten. Das zu sehen war zuweilen geradezu beängstigend.

In einem Berufungs-Stand, der ein festgeschriebenes Berufsbild nicht kennt, keine verbindlichen Normen und keine schützenden Tarifverträge, sind viele, allzu viele außerstande, sich im Irrgarten der Medienlandschaft zurechtzufinden.

Ihnen will ich helfen, jenen Teil ihrer Tätigkeit, mit dem sie auf dem Kriegsfuß stehen, besser zu durchschauen, ich will Ihnen Handreichungen bieten, mit den Alltagsmiseren, vor allem aber mit den Problemen der Textvermarktung fertig zu werden – und ich möchte ihnen Mut machen. Sie sollen die Früchte ihrer Arbeit bei trockenem Wetter einbringen.

Im April 1988 — Helmut Hochrain

Es gibt sie, die 5000-Mark-Story

Wieviel Geld ist mit Kurzprosa zu verdienen?

Der Titel dieses Buches spricht von der 5000-Mark-Story.

Steckt da etwas dahinter, oder ist das nur ein zugkräftiger Aufhänger, werden Sie, liebe Leserinnen und Leser, fragen. Ein Werbegag, um Aufmerksamkeit und Neugierde zu wecken? Ihre Skepsis ist durchaus angebracht, denn es ist schwer in den Kopf zu kriegen, daß mit einem Text von wenigen Schreibmaschinenseiten Länge so viel Geld verdient werden kann.

Lassen Sie mich an dieser Stelle das tun, was ich in diesem Buch immer dann tun werde, wenn es darum geht, Fakten statt hohles Gerede aufs Tapet zu bringen: Erlauben Sie mir, in die Schatztruhe eigener Erfahrungen zu greifen.

Ich stelle Ihnen auf den Seiten 184 bis 203 fünf Kurzgeschichten vor:

»Ein Engel ging über die Brücke«
»Gespräch am Wasser«
»Der große Clown«
»Die Panne«
»Hase auf bretonische Art«

Lesen Sie diese Texte bitte jetzt, ehe Sie zur nächsten Zeile übergehen.

Gelesen? – Gut! – Jeder dieser Texte wurde mehr als hundertmal gedruckt, jeder also mehr als eine 5000-Mark-Story! Damit ist bewiesen, daß es möglich ist, mit Kurzprosa das große Geld zu machen.

Wetten, daß ich die Fragen, die Sie mir jetzt stellen wollen, schon erraten habe?

Kunststück, werden Sie sagen, die liegen ja sozusagen in der Luft.

Erstens werden Sie wissen wollen: Wie viele solcher Texte gibt es im Fundus von Helmut Hochrain? Und ist eine solch ansehnliche Anzahl Abdrucke die Regel oder einsame, selten erreichte Spitze?

Zweitens: Was ist an diesen Geschichtchen so Bemerkenswertes, so Besonderes dran, daß sie derart exorbitant oft gedruckt wurden?

Hier meine Antworten:

Ich habe viele Geschichten dieser Art geschrieben, aber bei den vorgestellten Texten handelt es sich, was die Anzahl der Abdrucke angeht, in der Tat um Ausnahmen. Es sind Renner unter meinen Arbeiten, und Bestseller sind bekanntlich nicht unser, also auch nicht mein Alltagsbrot.

Ergo: Es wäre vermessen anzunehmen, mit jedem x-beliebigem Text könnten derart satte Honorareinnahmen erzielt werden.

Solche Erfolge sind rar und eher das, was wir wünschen, wenn wir uns gelegentlich gestatten, ein wenig zu träumen.

Doch müssen wir die Meßlatte unserer Erwartungen immer auf Rekordhöhe anlegen? Ich denke nein. Wenn Sie auf dem Boden des Möglichen bleiben und sich der Realität stellen, dann werden Sie sich, ich bin dessen sicher, interessiert einverleiben, was zu diesem speziellen Thema aus meiner eigenen Erkenntnis noch beizusteuern wäre: Ich habe – von ganz, ganz wenigen Ausnahmen abgesehen – jeden Kurztext, den ich schrieb – belegbar – wenigstens zehnmal bis fünfzehnmal, die meisten sehr viel öfter verkauft!

Aus Kurzprosa gutes Geld zu machen, ist also nicht Utopie, sondern eine reale Möglichkeit.

Zu Frage zwei: Warum wurden gerade diese Geschichten so oft gedruckt? Es wäre interessant, die vorgestellten Texte zu analysieren, sie nach den Regeln der Kunst zu drehen und zu wenden, auseinanderzunehmen, zu zerkleinern, sie bis zum letzten Komma zu durchleuchten, um die richtige Fährte zu finden.

Wir können uns diese Arbeit schenken, denn vom Wert her, aus der Wichtigkeit und der Besonderheit der Texte allein, ist der große Erfolg nicht zu erklären. Er spielt eine hervorragende Rolle, gewiß, aber er ist nur die Voraussetzung, die eine Hälfte, um das Ziel zu erreichen.

Lösen wir uns also von der Vorstellung, eine gute Arbeit an sich garantiere schon den Erfolg. Glauben Sie mir bitte, dem ist nicht so.

Was aber ist mit der anderen Hälfte des Erfolgsweges?

Das Phänomen, warum sich bei dem einen Kollegen die ungedruckten Schubladentexte sammeln, während andere ihre Arbeiten flott verkaufen, ist zum Glück erklärbar. Die Lösung ist keine Geheimwissenschaft. Es gibt Möglichkeiten, die Problematik in den Griff zu kriegen. Der Erfolg ist machbar!

Wie das vonstatten gehen soll? fragen Sie. Ich kenne das »Gewußt wie«, und ich werde es Ihnen im Verlauf unseres gemeinsamen Exkurses durch mehr als 200 Buchseiten verraten. Logo! Sonst wäre dieser Band nicht mehr wert, als daß Sie ihn Ihren Kindern schenkten, damit sie Papierflieger daraus machen.

»Es gibt wohl keinen Schriftsteller,
der den Tag vergessen hat,
an dem er die erste Zusage erhalten hat.
Gibt es etwas,
das einem mehr Mut machen könnte,
als wenn irgend jemand einem seine Arbeit abkauft?«

Truman Capote

»Es kann nicht oft genug wiederholt werden:
Literatur entsteht erst dann,
wenn der zweite da ist, der Leser.«

Siegfried Lenz

Schreiben: Eine Lebensentscheidung

Werfen Sie Ihrem Chef nicht gleich den Bettel vor die Füße!

Wer schreibt, kann Geld verdienen. Unter Umständen viel Geld verdienen. Den augenfälligen Beweis liefern – neben anderem – die Buch-Bestsellerlisten mit den Meldungen von Millionenauflagen.

Lohnt es da, wenn man sich zum Schreiben berufen fühlt, jeden Morgen um sechs Uhr aufzustehen, ins Geschäft, in den Dienst zu fahren und acht Stunden zu roboten, um am Monatsende festzustellen, daß das Gehalt wieder nicht weiterreicht als zur Deckung des Notwendigsten?

Dann doch lieber schreiben, schreiben, schreiben. Gut schreiben. Besser als andere! Gedruckt werden – schwarz auf weiß. Lesungen halten, Lesungen vor vielen Leuten. Und: Preise, Auszeichnungen, Stipendien, Ehrungen entgegennehmen! Ansehen gewinnen. Leben ohne finanzielle Sorgen. Neues schreiben. Neue Gedanken, neue Ideen. Schreiben, schreiben, schreiben, unabhängig werden, unabhängig, unabhängig . . .

Stop! Stop! Stop!

Ehe Sie Ihrem Chef den Kündigungsbrief auf den Tisch knallen und Ihren erlernten Beruf an den Nagel hängen, bevor Sie auf den sicheren Monatsgehalts-Scheck verzichten, um sich einer besseren, glanzvollen Zukunft in die Arme zu werfen, lassen Sie sich bitte eine kleine Story erzählen. Sie handelt davon, was ich selbst tat, was Sie vielleicht gerne tun möchten:

Ich hatte einen bürgerlichen Beruf, wie jeder andere auch. Weder meine Eltern, meine Lehrer noch meine Chefs, niemand hatte eine besondere, spezielle Begabung an mir entdeckt. Ich konnte absolut nicht zeichnen und malen, und vom Musikunterricht war ich dispensiert, weil ich keinen richtigen Ton aus der Kehle brachte. Klar, als die Zeit gekommen war, schrieb ich gefühlvolle Briefe und empfindungsbeladene Gedichte. Aber nur zu ganz besonderen Gelegenheiten. Meistens steckte etwas Bestimmtes dahinter. Cherchez la femme!

Schriftstellerische Ambitionen? Nicht die Bohne! Das einzige, was ich gedruckt sah, waren ein paar Artikel im Berufsfachblatt. Freilich: Ich habe von Kindheit an gerne gelesen, mit Lust und Freude immer viel gelesen, manchmal mit verbissenem Eifer. So erinnere ich mich, daß ich die Werke Immanuel Kants auf der Fahrt ins Gymnasium in der Straßenbahn durchackerte. Nein, verstanden habe ich nicht viel davon, was der trockene Königsberger da zu Papier gebracht hatte, aber ich glaubte mir schuldig zu sein, mir die »Kritik der reinen Vernunft« einverleiben zu müssen.

Doch halt – um bei der Wahrheit zu bleiben – da war doch etwas: Einmal, es war in der seligen Verlobungszeit, schrieb ich aus keinem anderen Anlaß als aus eben diesem, eine Geschichte, die etwas mit unserer Liebe zu tun hatte. Ich las das Elaborat meiner Liebsten vor. Sie war hingerissen und sagte: »Du hast das Zeug zum Schriftsteller. Eines Tages bekommst du den Nobelpreis. Bombensicher!«

Ich vergaß die Sache. Ein paar Jahre später jedoch trieb es mich abermals zum Schreiben. Diesmal gab es einen konkreten Anlaß, einen, der nichts mit der Dame meines Herzens, die inzwischen meine liebe Frau geworden war, zu tun hatte. Ich stürzte mich auf ein Thema, das damals aktuell war und heftig diskutiert wurde, ein Problem, das mich faszinierte, erregte, und zurückschauend meine ich, daß es mich ganz schön verrückt gemacht hat. Es war etwas Gesellschaftspolitisches. Ich weiß nicht, was mich trieb, aber ich konnte nicht anders, ich mußte mir mein Engagement, die Wut, den Frust und was weiß ich noch vom Leibe schreiben.

So entstand in kurzer Zeit ein 250 Seiten starkes Manuskript, eine Art Tatsachenroman, eine große, auf effektiven Begebenheiten beruhende Erzählung.

Ein Freund, er war ein bekannter und sehr angesehener Journalist, bekam die Papiere in die Finger. Er las meinen Text und sagte: »Du bist begabt! Du hast ein Gespür für Spannung und Dramatik und schreibst einen dollen Stil. Du mußt schreiben. Unbedingt!«

So einfach sagte er es, wie – meinetwegen –: »Du solltest dir mal die Haare schneiden lassen!« Ich habe ihm selbstverständlich kein Wort geglaubt. Wie hätte ich auch? Außerdem war bei mir durch die Schreibe der angestaute Frust weg, die Luft raus. Ich war auf dem besten Weg, die ganze Sache zu vergessen.

Doch mein »Entdecker« schickte, ohne mich darum gefragt zu haben, das Manuskript an die seinerzeit größte deutsche Illustrierte. Nach drei oder vier Wochen rief mich der für Romane und Serien zuständige Redakteur an.

»Wir werden Ihren Roman mit an Sicherheit grenzender Wahrscheinlichkeit drucken«, sagte er. »Wir bleiben mit Ihnen in Verbindung.« Und er vergatterte mich, mein Werk ja keiner anderen Publikation anzubieten.

Wer sich in der Branche auch nur ein wenig auskennt, kann sich vorstellen, was damals in mir vorging. Mein Erstling in einer Millionen-Illustrierten! – Hardcover! – Taschenbuchausgabe! – Übersetzungen! – Vielleicht sogar Film oder TV!?

Mein Himmel hing plötzlich voller Geigen, nein, voller Baßgeigen hing er. Ich kam mir vor wie ein zum Leben erwachter Komet und malte meine Zukunft in lautesten Farben. Wenn ich mich recht erinnere, nahm ich ein Haus über Portofino ins Visier, träumte von Reisen, Abenteuern, natürlich auch von großen Autos und Pipapo. Und von der Freiheit. Ja: besonders von der Freiheit! Ich war ziemlich jung damals.

Meine Frau trumpfte auf: »Ich habe es dir doch schon vor Jahr und Tag gesagt, du bekommst den Nobelpreis!«

Von heute auf morgen gab ich meinen Beruf auf, klar, ich war doch wild entschlossen, die Literaturwelt zu erobern! Ich ließ das Schiff Sicherheit den Fluß hinunterschwimmen und warf mich der Freiheit und Unabhängigkeit in die Arme.

Ich habe versprochen, eine kleine Geschichte zum besten zu geben. Deshalb in Kürze:

Der Illustrierten-Verlag schrieb mir eines Tages ». . . und müssen wir Ihnen zu unserem Bedauern mitteilen, daß wir uns doch nicht in der Lage sehen, Ihr Manuskript zu veröffentlichen etc. etc. . . .«

Die Folge des mit dieser Mitteilung verbundenen Sturzfluges war, daß ich samt Familie in die wirtschaftliche Bredouille geriet. Es hat Jahre gedauert, bis wir uns wieder arrangieren und die Delle ausbeulen konnten.

Doch meine Miseren sollen nicht Gegenstand dieser Betrachtung sein.

Tatsache ist, daß ich trotz schier unüberwindlicher Schwierigkeiten, die ich rückschauend heute noch wie einen hohen, schwarzen, unübersteigbaren Berg im Gedächtnis habe, zu keiner Zeit auch nur den kleinsten Versuch machte, in einen »bürgerlichen Beruf« zurückzukehren. Ich muß sehr mutig gewesen sein, damals.

Ich wüßte nicht zu sagen, welch gnädige Hand mich lenkte, als ich tat, was sich hinterher als richtiger und gerader Weg zu einem Ziel erwies, das ich mehr ahnte, als daß ich es deutlich zu orten in der Lage gewesen wäre.

Ich lernte.

Ich ging bei Menschen in die Lehre, die das Handwerk meisterhaft beherrschten. In den öffentlichen Bibliotheken war ich morgens der erste und abends der letzte. Ich fraß das, was andere auf Schulen, während der Volontärzeit, in Kursen und Seminaren längst gelernt hatten, im Do-it-yourself-Verfahren in mich hinein. Ich war unersättlich in meinem Verlangen, mir die Materie, vor allem jene Seite, die ich die handwerkliche nennen möchte, anzueignen.

Ich schuftete wie ein Göpelochse.

Ich schrieb erste Kurzgeschichten. Meine Frau tippte die Manuskripte auf einer uralten Remington mit sieben Durchschlägen. Ich schrieb die Begleitbriefe an die Redaktionen dazu und lief noch spät in die Nacht zum Bahnpostamt und brachte meine Aussendungen auf den Weg.

Ein paar Wochen später kam die erste Annahme. Ein Fünfseitenriemen im *›Donau Kurier‹* Ingolstadt. 42 Mark Honorar. Ich bewahre den Ingolstädtern seit dieser Zeit ein gutes Andenken.

Und ich hatte Glück. Die bedeutendste Abo-Zeitung in der Bundesrepublik, die *›Süddeutsche Zeitung‹*, brachte zwischen zwei Fortsetzungsromanen drei Tage hintereinander eine große Story aus meiner Feder. Damals glaubte ich, alle Leute müßten sich auf der Straße nach mir umdrehen. ». . . ist das nicht der bekannte Schriftsteller . . .?« Von wegen!

Ich hatte die Idee zu einem Sachbuch und fand, noch ehe ein halbes Jahr um war, einen Verleger dafür. Der erste Verlagsvertrag, der erste Honorarvorschuß!

Ich warf mich einer Literaturagentin in die Arme und produzierte, produzierte, produzierte. Ich war unvorstellbar fruchtbar. Es war, als habe man den drängenden Wassern eines Flusses die Wehre geöffnet.

Meine Agentin war leider keine besonders tüchtige Person.
Als erstes Honorar kassierte ich bei ihr drei Mark (6.– DM ./. 50 % Agenturprovision) für eine Glosse in einer Konditorenzeitung.

Trotzdem gehören der Dame noch heute meine freundlichsten Gedanken. Sie brachte mich nämlich mit dem Redakteur einer hervorragend gemachten Kundenzeitschrift zusammen, die ein bedeutender Konzern für seine Abnehmer herausbrachte. Über viele Jahre war ich dort freier Mitarbeiter und habe dabei, peu à peu, auch noch das journalistische Handwerk gelernt.

Außerdem war diese Verbindung von nun an der Anker, an dem ich das ins Schlingern geratene Familienschiff fest vertäuen konnte. Glück gehabt!

Ich habe dann geschrieben, geschrieben, geschrieben. Habe für Agenturen Public-Relations-Texte und Werbesprüche verfaßt. Machte Spots fürs Fernsehen und schrieb Hörspiele. Ich inszenierte

Kabarett und schrieb für einen Wirtschaftspressedienst verkaufspsychologische Abhandlungen. Dazu kamen Reportagen, Interviews, Features. Ich nahm jede Arbeit, die sich anbot. Ich hab's genommen, wie es kam.

Dann schrieb ich Sachbücher. Mehr als zwanzig sind es im Lauf der Zeit geworden. Mit einer Gesamtauflage von mehr als einer Million Exemplaren. Ich schrieb sie, um mir den Luxus, Kurzprosa zu schreiben, erlauben zu können. – Dieser vielleicht schwierigsten Literaturgattung verschrieb ich mich ganz und gar, ach was, ich kann es ruhig hinschreiben, sie wurde hinfort ein Stück Lebensinhalt, und den kurzen, guten Texten gehört mein Herz auch heute noch.

Mehr als zehntausendmal wurden meine Geschichten, Stories, Erzählungen und Features im Laufe der Zeit gedruckt.

Das war's auch schon, was ich zu dem Thema *Werfen Sie Ihrem Chef den Bettel nicht vor die Füße* sagen wollte.

Ich lasse die Geschichte so stehen, wie sie ist, und versage mir kommentierende Worte. Sie soll für sich sprechen. Jeder, der sie liest, möge die Schlüsse aus ihr ziehen, die für ihn wichtig und nützlich sind.

Sicher wollen Sie wissen, ob ich noch einmal in gleicher Weise nachvollziehen würde, was ich damals am Anfang meiner Karriere tat, und ob, nach meiner Einsicht, die Aufgabe der bürgerlichen Existenz zurückschauend nicht ein großer Fehler war.

Nun, wenn man vom Rathaus kommt, ist man allemal klüger. Resümierend möchte ich sagen: Ich würde niemandem – auch meinem besten Feind nicht – empfehlen, so zu verfahren, wie ich es tat. Es war unüberlegt und leichtsinnig. Ich rate jedem – es sei denn er wäre ein Lebenskünstler oder ein Genie –, seine Leidenschaft fürs Schreiben zunächst und am Anfang *neben* dem sicheren Beruf zu betreiben. Leidenschaftlich, engagiert, mit vollem Einsatz – aber halt nur nach Feierabend, im Urlaub, in jeder Minute, die zu er-

HEINRICH BÖLL

KÖLN-MÜNGERSDORF
Belvederestraße 35

3. 2. 58.

Sehr geehrter Herr Korbrain,

Ihr Manuskript habe ich inzwischen
mit großer Spannung gelesen; in die ersten Teile
müßten Sie stellenweise ein wenig Holpern zu
mildern, das mindert meine Spannung u.
Anteilnahme. Daß Sie selbst schreiben,
Sie machten sich über den literarischen
Wert keine Illusionen, hat mir wohl
die Lektüre erleichtert, ich glaube, ich könnte
diesen Punkt also auslassen, obwohl es
mir wichtig ist, Ihnen zu erklären, daß ich
den Stil, den Aufbau innerhalb des
Anspruchs, den Sie mit dem Werk
stellen, durchaus gerechtfertigt finde. Jeden-
falls ist es so viel besser als wenn es mit
literarischen Ambitionen überlastet wäre.
Wie so – verzeihen Sie die Paradoxie –
ist Ihr Manuskript eben auch literarisch
– bis auf einige Holpereien – gerechtfertigt.

Heinrich Böll
am 3. Februar 1958 an Helmut Hochrain
(Auszug)

. . . es ist mir wichtig, Ihnen zu erklären, daß Sie in dem Stil, dem Aufbau innerhalb des Anspruchs, den Sie mit dem Werk stellen, durchaus gerechtfertigt sind. Jedenfalls ist es so viel besser, als wenn es mit literarischen Ambitionen überlastet wäre. So ist Ihr Werk – verzeihen Sie die Paradoxie, auch literarisch gerechtfertigt.
Ich glaube, daß aus dem Manuskript ein ausgezeichneter Film werden könnte.
. . . es könnte eine Art Fallada ›Wer einnmal aus dem Blechnapf frißt‹ werden. Jedenfalls stimme ich mit Ihren Freunden überein, daß das Buch erscheinen muß. Die Mühe lohnt sich . . .

übrigen ist. Erst wenn der Weg geglättet, die Straße überschaubar geworden ist, sollte man den entscheidenden, den gefährlichen und risikoreichen Schritt ins freie Schriftstellertum wagen.

Ich kenne Schreiber, die für die Literatur ganz Hervorragendes geleistet haben und trotzdem ihren Brotberuf bis zum Ende nicht aufgaben, so gut wie ich von anderen zu berichten wüßte, die mit Bravour begannen und dann als verkrachte Existenzen endeten.

Neben Talent braucht der freischaffende Schriftsteller Mut und viel physische Kraft, er braucht Halt in der Liebe, in der Familie, beim anderen. Ungeheuer viel. Wer das nicht bringt, wird in der freien Wildbahn kaum bestehen und wahrscheinlich aufgeben, bevor er sein Ziel erreicht hat.

Ob ich meine damalige Voreiligkeit bereue? Dazu kann ich nur sagen: 30 Jahre Schriftstellerei – ich möchte sie trotz aller Fährnisse und Schwierigkeiten nicht missen, und rückschauend habe ich mir selbst längst Absolution für mein damaliges Handeln erteilt. Das Ende zählt, und nicht der Anfang! Ich bin zufrieden.

Bevor ich hinter diese, recht persönlich geratene Lektion ein Punktum setze, noch einmal zurück zu meinem Erstling, jenem gesellschaftskritischen Roman oder was immer es war. Was aus ihm geworden ist?

Das Manuskript hat den Weg durch jeden auch nur nur irgenwie in Frage kommenden Verlag angetreten. Lektoren, Verlagsleiter, Kollegen, Filmdramaturgen und wer weiß ich noch waren hingerissen von dem Text und haben es mir in Gesprächen und vielen Briefen immer und immer wieder bestätigt. Wahre Lobeshymnen haben sie gesungen. Unisono!

Veröffentlicht hat den Text keiner. Jetzt verkommt das Manuskript irgendwo auf dem Dachboden meines Hauses.

Und nun lesen Sie bitte auf den Seiten 20/21 nach, was Heinrich Böll mir seinerzeit zu meinem Erstling zu sagen hatte.

Die Hochrain-Methode

oder:
Der sicherste Weg zum effizienten Schriftstellerei-Betrieb

Stehen uns am Anfang unseres Schriftsteller-Daseins wenige, vielleicht nur zehn, zwanzig oder dreißig Kurztexte zur Verfügung, dann bedarf es zu deren Aussendung an die Kunden – also an Zeitungen, Zeitschriften, Verlage und so fort – keiner besonderen Organisation.

Das läuft sozusagen aus dem Handgelenk.

Anders, wenn unser Manuskriptvorrat wächst und unsere Kunden zahlreicher werden. Jetzt müssen wir aufpassen, damit wir die Übersicht nicht verlieren und die Dinge nicht aus dem Ruder laufen.

Wir sollten alle Bewegungen unserer Manuskripte, die jetzigen und jene der Vergangenheit, jederzeit kontrollieren können.

So müssen wir beispielsweise in der Lage sein, auch nach langer Zeit noch schnell und zuverlässig festzustellen, welche Zeitungen oder Zeitschriften welchen Text von uns jemals gedruckt haben oder ob ein Manuskript vielleicht für eine bestimmte Publikation gesperrt ist. Selbstverständlich müssen unsere Unterlagen präzise auch darüber Auskunft geben, bei welcher Redaktion ein bestimmter Text gerade heute liegt.

Der unerläßliche Arbeitsaufwand für diesen wichtigen Teil unseres Geschäftes hält sich in Grenzen. Wenn er gut organisiert ist, macht er auch dem Ungeübtesten keine Kopfschmerzen. Verzichten aber dürfen wir auf ein gewisses Maß an Organisation nicht. Sonst passiert es nämlich garantiert, daß wir ein Manuskript, das schon einmal von einer Redaktion gedruckt wurde, eine Weile später noch mal an dieselbe Adresse schicken. So gut wie alle Redaktionen sind heute mit Hilfe ihrer Computer ohne weiteres in der

Lage festzustellen, was sie, sagen wir einmal vor zehn Jahren, von uns veröffentlicht haben.

Ich erinnere mich eines konkreten Falles: Ich wollte einer Zeitschrift neue Manuskripte schicken. Ein Text erschien mir besonders passend, aber als ich meine Kundenkartei (siehe Seite 62/63) befragte, stellte ich fest, daß eben dieser Artikel vor 14 Jahren von der in Frage stehenden Redaktion schon einmal abgedruckt worden war. 14 Jahre? dachte ich. Das ist schon längst vergessen. Bei den Lesern so gut wie bei der Redaktion. Also schickte ich die Arbeit noch einmal aus.

Keine acht Tage später mußte ich erfahren, daß ich die Merkfähigkeit des Verlagscomputers unterschätzt hatte. ». . . was schikken Sie mir diese alten Kamellen«, fauchte mich der Redakteur ärgerlich an. »Den Riemen haben wir doch schon vor 14 Jahren gebracht . . .«

Vorsicht ist also angezeigt, denn einmal wird man uns so einen Lapsus wahrscheinlich verzeihen, doch bei wiederholten Malen geraten wir in den Geruch der Unzuverlässigkeit. Das aber kann das Aus für eine Geschäftsverbindung bedeuten.

Ein anderes Beispiel, das die Notwendigkeit eines geordneten Geschäftsbetriebs demonstriert: An einem Ort erscheinen zwei Tageszeitungen. Der einen haben wir vor zwei Monaten die Geschichte XY geschickt (Aussendung 1), aber es gab keine Reaktion, keine Rücksendung, keinen Abdruck, keine Mitteilung. Nichts!

Betreiben wir unsere Versendungen nach Gunst und Verlaub, also ohne ordentliche Manuskript- und Kundenkartei, kann es jetzt geschehen, daß wir uns der Aussendung 1 nicht mehr erinnern und den Text XY der anderen Tageszeitung anbieten (Aussendung 2). Hat der Teufel die Hand im Spiel, erscheint unsere Geschichte an ein und demselben Tag in beiden Blättern. Eine Katastrophe! Für lange Zeit können wir uns Aussendungen an die beiden Adressen schenken. Die eine ist so vergrätzt wie die andere, und wir sind garantiert auf der »schwarzen Liste«. So haben wir auf einen Schlag zwei Kunden verloren!

Die Beispiele wären um weitere, ähnliche zu ergänzen.

Resümee: Ohne sorgfältig kontrollierten und ständig überwachten Verkehr mit unseren Kunden werden wir keine dauerhaften, kontinuierlich laufenden Geschäfte machen.

Unsere Aussendungen, den Versand unserer Manuskripte also, praktisch und zuverlässig und mit geringem Arbeitsaufwand zu organisieren, dafür gibt es verschiedene Möglichkeiten.

Ich habe ein System entwickelt, das so einfach, praktikabel und wenig arbeitsaufwendig ist, daß ich damit seit 30 Jahren so gut wie pannenlos arbeite!

Ich bin sicher, es gibt andere Methoden als meine, möglicherweise sogar bessere. Sie können sich auch eine eigene auf den Leib schneidern. Wenn Sie dazu aber keine Lust haben, versuchen Sie es am besten mit der *Hochrain-Methode*. Ich will sie Ihnen vorstellen.

Hochrain-Methode
1. Lektion

Das Manuskript –
Was sein muß und nicht sein darf

Alle Literatur, gleichviel welchen Genres, braucht Öffentlichkeit. Soll sie das Publikum, den Leser erreichen, muß sie auf den Markt gebracht werden. *Sie ist demzufolge ein Absatz suchendes Produkt. Eine Ware.*

Dieser Satz ist sicher nicht die ganze, die absolute Wahrheit, aber es steckt eine gewichtige Portion von ihr drin.

Man könnte über das Thema diskutieren, doch ich bitte Sie, tun wir's nicht. Nehmen wir meine Behauptung als ein Stück Realität, als ein Axiom gewissermaßen. Wir erleichtern uns damit nämlich das gradlinige Vorankommen auf dem Weg, den wir zu gehen entschlossen sind: Unsere niedergeschriebenen Erzeugnisse gut zu verkaufen!

Ich habe mit der These von der *Ware Literatur* schon manchen erschreckt. Mehr als einmal habe ich erleben müssen, daß mir Kollegen das Wort so übelnahmen, daß sie mich nicht mehr grüßten, weil sie ihre hehren Werke von mir verunglimpft, trivialisiert und in die Niederungen des Kommerz hinabgezogen sahen.

Sinnigerweise bringen solche und ähnliche Vorbehalte gerade jene Autoren ins Gespräch, die bei jeder Gelegenheit Klagelieder anstimmen, daß ihre Arbeiten nicht veröffentlicht werden, daß man sie vernachlässigt, übergeht, ihr Talent brach liegen läßt, die sich beschweren, daß niemand – am allerwenigsten Verlage, Redakteure, Lektoren und Agenturen – ihnen die Aufmerksamkeit und Zuwendung schenken, die sie verdienen.

Andere Schreiber, die ihren Texten allergrößte Aufmerksamkeit und gewissenhafte Sorgfalt angedeihen lassen, begabte Naturen, fleißige Arbeiter legen, wenn es darum geht, das Geschaffene auch an den Mann zu bringen, sensible Empfindlichkeit und reservierte Zurückhaltung an den Tag. Häufig stehen sie dem Verkaufsgeschäft rat- und hilflos, skeptisch, ja sogar ablehnend gegenüber.

Ein Verleger erzählte mir auf der letzten Buchmesse in Frankfurt, eine Autorin habe sich geweigert, einen ganz normalen Verlagsvertrag über ein Buch zu unterschreiben. Solch triviale Dinge widerstrebten ihrem künstlerischen Selbstverständnis, ließ sie wissen. Der Verlag hat ihr das bereits angenommene Werkmanuskript zurückgeschickt. Was soll man dazu sagen?

Sicher: Schreiben ist etwas anderes als Reißverschlüsse fabrizieren. Unsere Ware ist ein besonderes, ein empfindliches Produkt. Aber wenn wir schon Veröffentlichung und Gedrucktwerden anstreben, sind Ressentiments, Ängstlichkeit, Zurückweichen und Elfenbeinturmgesinnung wenig nützlich.

Wenn Sie also nicht für die Schublade schreiben wollen, wenn Sie sich nicht damit zufrieden geben möchten, Leseabende im Familienkreis oder für Ihre Nachbarn zu veranstalten, müssen Sie Vorbehalte gegen die Kommerzialisierung Ihrer Werke hintenan stellen. Auch wenn es schwerfallen sollte.

Bleiben wir also dabei: Unsere literarischen Erzeugnisse sind eine Ware. Ware aber will verkauft sein. Wer nicht auf den Markt geht, bleibt auf seinem Kram sitzen. Wir müssen unsere Ware vermarkten, distributieren, wie es im Neukaufmannsdeutsch heißt.

Wir haben uns den Problemen des Marktes zu stellen, uns ihm anzupassen, seine Gepflogenheiten müssen wir durchschauen und haben uns – auch das wäre zu lernen – mit den Usancen abzufinden.

Wir sollten nicht nur gute Schreiber sein, sondern auch clevere Vertriebs- und Marketingleute, Werbemanager unserer selbst. Marketing heißt sinngemäß nichts anderes als *vom Markt her denken!*

Vergessen wir nicht: Unsere Position im Marktgeschehen ist schwach. Ich kenne keine andere Berufssparte, der in einer Zeit der festen Preise, Taxen und Tarife eine so hundeelende Position zugewiesen ist, wie dem freien Autor.

Zum Exempel: Wir haben einen Text hinausgeboten. Eine Redaktion hat angenommen und schickt – wenn sie schickt – nach Abdruck ein Belegexemplar, und eines Tages geht auf unserem Bankkonto ein Betrag ein.

Wir werden nicht gefragt, was unsere Ware kostet, wir stellen – in der Regel – keine Rechnung, wir bekommen ein Honorar zugeteilt. Basta!

Natürlich können Sie gegen diese hanebüchene Regelung angehen, protestieren. Sie können schreiben: ». . . mit dem mir angewiesenem Minihonorar bin ich nicht einverstanden . . .« oder Sie können Ihrer nächsten Aussendung einen Begleitbrief beilegen: ». . . meine Honorarforderung beträgt soundsoviel. Wenn Ihr Verlag das nicht zu akzeptieren bereit ist, schicken Sie mir meine Manuskripte gefälligst zurück . . .«

Probieren Sie es. Oder nein, lassen Sie es lieber sein. Ich bin nämlich in der Lage, Ihnen genau zu sagen, was passiert: Im Fall eins kommt vermutlich überhaupt keine Antwort; bestimmt aber kein Geld. Im Fall zwei tun Sie gut daran, dem Brief Rückporto beizulegen. Sonst sehen Sie Ihre Manuskripte wahrscheinlich nie wieder. Und schicken Sie an diese Redaktion fürs erste keine Arbeiten mehr. Sie haben dort einen roten Strich auf Ihrer Karteikarte – es kann auch ein grüner Punkt sein –, und damit sind die Geschäftsverbindungen für die nächste Zeit beendet. Aus!

Ich habe in den zurückliegenden Jahren immer wieder gegen die Handhabung der in meinen Augen entwürdigenden Honorarregelung für freie Autoren Front gemacht. Das gilt vor allem für die Zeit, in der ich dem Vorstand des ehemaligen Schutzverbandes Deutscher Schriftsteller (SDS) anzugehören die Ehre hatte. Zusammen mit meinen Kollegen habe ich protestiert, Resolutionen verfaßt, polemisiert und revolutioniert, ich bin mit ihnen Sturm gelaufen für eine faire, gerechte und leistungsangemessene Bezahlung der Autoren. So etwas kann der einzelne nicht ausfechten, das geht nur zusammen mit anderen. Ich habe bei jeder Gelegenheit

Berufsverbände an ihre Aktionspflicht gemahnt, mich mit Verlegern angelegt und was weiß ich noch alles.

Es war alles umsonst. An den Zuständen hat sich nichts geändert. Überhaupt nichts.

Das Problem ist nur politisch zu lösen. Um in Bonn aber etwas in Gang zu bringen, wäre vor allem die Solidarität der Betroffenen vonnöten.

Doch da liegen die Dinge, 20 Jahre nach Heinrich Bölls in Köln geprägtem Wort von der »Einigkeit der Einzelgänger« immer noch im argen.

Nehmen wir die Umstände also, wie sie sind. Sie und ich können sie nicht ändern. Ärgern wir uns nicht, regen wir uns nicht auf. Es führt, wie die Beispiele zeigen, zu nichts. Wir verschleißen am Ende nur unsere Nerven. Die aber brauchen wir zu Wichtigerem und Besserem.

Und damit komme ich – endlich – zu meiner Lektion.

Wir sprechen über die *Herstellung, das Versandfertigmachen, unserer Manuskripte.*

Wir wollen unsere Ware Manuskript vermarkten, haben wir beschlossen, also müssen wir sie marktgängig machen, sie auf die Erfordernisse des Marktes zurichten.

Ich setze als selbstverständlich voraus, daß Ihre Texte in Ordnung sind. Inhaltlich, sprachlich und stilistisch bis hin zum letzten Satzzeichen. Das ist Voraussetzung für alles weitere und kein Thema, über das wir in diesem Buch diskutieren.

In Ordnung aber müssen auch die Manuskripte sein, die Sie Ihren Kunden vorlegen. Äußerlich, vom Ansehen her, meine ich. Schlecht geschriebene, nicht den in der Branche üblichen Normen entsprechende, schwer leserliche, mit Kaffee- oder Fettflecken verunzierte, nach Rauchtabak oder Parfüm duftende Manuskripte, mit Eselsohren an den Ecken, rührt kein Redakteur an. Braucht er auch nicht. Denn solche Manuskripte wirft die Sekretärin ohnehin gleich in den Papierkorb.

In unsere Alltagspraxis übersetzt heißt das:

Schreibmaschinenpapier DIN A4, weiß, Gewicht 60–80 g/qm
einseitig maschinenbeschrieben, gestochen scharf
keine Ausbesserungen
keine Korrekturzeichen
keine Streichungen
keine Unterstreichungen (nur der Titel wird unterstrichen)
keine Einfügungen
keine in Versalien geschriebenen Partien
keine Sperrungen
keine Hervorhebung einzelner Textteile

Ein Manuskript ist kein Konzept, es muß einen fertigen Eindruck machen.

Auf die Seite kommen 30 Schreibmaschinenzeilen
die Zeile zu 60 Anschlägen
1½ Zeilenabstand
Korrekturrand links
rechts wird bis an den Rand geschrieben
nicht lochen
auf der ersten Seite knapp unter dem oberen Rand steht unsere Postadresse und unser Bankkonto (s. Muster Seite 33), darunter links, hart außen am Rande, die Manuskriptnummer.
rechts oben gleich unter unserer Anschrift die Angabe, wie viele Anschläge (Zeichen) der Gesamttext der jeweiligen Arbeit hat
die Manuskriptseiten werden fortlaufend numeriert
sie können mit Drahtklammern geheftet werden. Büroklammern tun's auch.

Sie sollten Ihre Manuskripte so schreiben, daß die Textmasse je Seite stets die gleiche ist. Ich bringe seit Anno Tobak 30 Zeilen à 60 Anschläge (Zeichen) auf eine Seite.

Belegexemplar erbeten an: Helmut Hochrain, 8000 München 2, Theresienhöhe 1
Deutsche Bank, 8000 München, Konto-Nr. 12345, BLZ 67890

0641 6420 Zeichen

Mitarbeiter-Nr. 1020

Zum Weinen glücklich

Von Helmut Hochrain

Im Schatten des Hauses der tausend Fenster liegt ein Kinderspielplatz. Ein schöner Spielplatz, sage ich dir, Freund, mit einem Palisadenzaun aus starken Holzstämmen außen herum. Dahinter Schaukeln und Wippen, offene Holzhütten auf Stangenbeine gestellt, Klettergerüste und Betonröhren zum Durchkriechen, eine Sprossenwand ist da und ein Dingsda, an dem dicke Seile baumeln, an denen man sich hinaufhangeln kann, wenn man genügend Kraft besitzt. Unten ist feiner rieseliger Sand angeschüttet, und deshalb braucht man auch keine Angst zu haben, wenn man von einer Plattform oder sonstwo herunterspringt.

Für einen großen Menschen wie mich hat man eine Bank und einen Tisch mit einer faustdicken Holzplatte hingestellt, und so kann ich meine Beine unterbringen, ohne mir die Knie anzuschlagen. Es ist schön hier und lebendig, die Kinder machen ein Geschrei, daß einem die Ohren dröhnen, und wenn ich mich mit dem Gesicht zur Sonne setze, sehe ich das Tausendfensterhaus nicht, und wenn ich will, kann ich sogar fast vergessen, daß es da ist.

Ich war lange in diesem kolossalen Bau. Viel zu lange, Freund, zwei Monate, es können auch drei gewesen sein, so genau weiß ich es im Augenblick nicht, und ich mag auch nicht nachrechnen, weil ich sonst den Geruch von Desinfektionsmitteln in die Nase bekomme und die spitzen Spritzennadeln vor meinem inneren Auge sehe und den hüpfenden Lichtball auf dem Monitor von der Intensivstation. Ja, es war schlimm, Kamerad. Nein, nicht die Schmerzen, die Angst war schlimmer und die Kraftlosigkeit, die mir manchmal selbst das Atmen schwermachte, und schlimm war, daß mich in dieser oder jener Nacht der Mut verließ und der Glaube an den nächsten Morgen.

Nach der Norm geschriebene Manuskriptseite (30 Zeilen zu je 60 Anschlägen)

Die Textmasse errechnet sich aus Anschlägen je Zeile mal Zeilenzahl.

Zum Beispiel: 30 Zeilen zu 60 Anschlägen (Zeichen) gibt pro Seite 1800 Anschläge.

Um die Gesamt-Textmasse des kompletten Manuskriptes festzustellen, wird die Textmasse einer Seite mit der Gesamtseitenzahl multipliziert.

Beispiel: Ein Manuskript hat fünf Schreibmaschinenseiten Umfang. Die Textmasse je Seite ist 1800 Anschläge (Zeichen), das ergibt 5 x 1800 = 9000 Anschläge für das ganze Manuskript. (Legen Sie Ihren Taschenrechner daneben, wenn Sie Textmassen errechnen müssen!)

Die persönliche Rede lassen wir mit einer neuen Zeile beginnen. Bevor's losgeht, dreimal Leertaste drücken.

Dreimal Leertaste betätigen wir auch am Beginn eines neuen Absatzes.

Bei Anbruchseiten werden die Zeilen ausgezählt und gleichfalls mit 60 multipliziert.

Überschrift (Titel) und Autorennamen werden nicht in diese Rechnung einbezogen.

Was sind Anschläge (Zeichen)?

Aus meiner Beratertätigkeit bei einer Literaturagentur weiß ich, daß diese Frage nicht nur Anfängern, sondern auch überraschend vielen Fortgeschrittenen und selbst Profis Kopfschmerzen bereitet. Ich wüßte von endlosen Korrespondenzen mit Autoren und von verzweifelten Anrufen zu berichten, die sich alle um dieses, im Grunde doch alberne Problem drehen.

Hier die Formel für des Mirakels Lösung:

Eine Zeile hat 60 Anschläge (Zeichen), haben wir festgestellt.

Auch jede Betätigung der Leertaste gilt als Anschlag (Zeichen), und leere unbeschriebene Restzeilen werden gleichfalls als Anschläge mitgezählt. Selbst wenn da nur ein einziges einsames Frage- oder Ausrufezeichen steht.

Damit auch letzte Unklarheiten beseitigt werden, ein Beispiel:
»Hast Du das Brecheisen?«
». . .?«
»Ich frage, ob du das Brecheisen hast. Kannst du nicht antworten? Bist du stumm?«
»Ich hab's.«
»Gut.«
»Was machen wir jetzt mit dem Ding? Was hast du vor?«

Dieser Text umfaßt sieben Zeilen zu je 60 Anschlägen (Zeichen), die Textmasse ist demnach 420 Anschläge.

Alles klar?

Übrigens: Zeilenhonorare werden nicht nach unseren Schreibmaschinenzeilen, sondern nach Druckzeilen errechnet! (S. Seite 102)

Nicht alles und jedes in unserer Schriftstellereitätigkeit – Sie haben es schon bemerkt – ist kreatives Tun. Wir müssen, wollen wir im Geschäft bleiben, wohl oder übel einen Teil unserer Zeit an Büro- und Organisationskram verschwenden, ein bißchen Buchhalterei gehört auch dazu und, wie in dieser Lektion verdeutlicht wird, das, was ich – wenn Sie mir gestatten, einmal sprachschöpferisch tätig zu werden – *Manuskriptpflege* nennen möchte.

Zur Manuskriptpflege gehört das Schreiben auf den Punkt.

Ich verstehe darunter, ein Manuskript so abzufassen und zuzurichten, daß es auf die Zeile genau eine besimmte Länge aufweist. Dieses Schreiben »à Point« ist am Anfang Kunst, aber keine Angst, eines Tages, wenn wir es mit Fleiß und Hingabe geübt haben, wird es zur Routine.

Verlangt wird diese Methode in erster Linie von der Publikumspresse, also den großen Illustrierten, von Frauenzeitschriften, der Regenbogenpresse und gelegentlich auch von Auftraggebern.

Bei Massenblättern ist nicht anzukommen, wenn der Autor sich nicht präzise an die vorgegebenen Längen hält. Diese Millionenblätter haben ein ausgeklügeltes, genau berechnetes Layout. Das hängt mit dem exakt vorgegebenen Verhältnis von Illustration, Text und Anzeigen zusammen.

Ich verrate kein Geheimnis, wenn ich sage, daß das große Sagen bei diesen Medien der Anzeigenleiter hat. Letzten Endes ist er es, der dafür sorgt, daß Geld in die Kasse kommt. Das Insertionsaufkommen ist für Überleben und Gedeihen eines Blattes das entscheidende Kriterium.

Bei der geschilderten Sachlage können zehn, fünf, ja sogar drei Zeilen zu viel oder zu wenig Text für eine Ablehnung unseres Angebotes von entscheidender Bedeutung sein. Die Erfahrung hat's immer wieder gelehrt.

I.

Sie hieß Jacqueline, aber in dem armen Dorf zu Füßen der Alpilles wurde sie nicht anders als »la rousse« – die Rote – gerufen.

Ihr Haar war von der Farbe der reifen Wildrosenfrüchte; ihre Haut schimmerte wie heller, durchscheinender Alabaster, und auch die sengendste Sonne vermochte sie nicht zu tönen. Meist trug sie einen weiten, feuerroten Wollrock, und wenn sie sich zum Tanze schmückte, legte sie ein rotes Tuch um die Schultern und eine Kette von Korallen um den Hals.

»Sie ist die Schönste weitherum«, sagten die Burschen, wenn sie am Sonntag nach der Messe vor der aus rohen Bruchsteinen gefügten Kirche standen. »Aber sie ist erkältend wie der Mistral; sie vergiftet die Träume und trägt Unruhe in die Herzen.«

Der ansehnlichste Bursch im Dorf war Jacques.

Jacques liebte Jacqueline.

Wenn er nach der Arbeit im Steinbruch über den schroffigen Bergkamm ins Dorf hinunterstieg, warf er sich manchmal zwischen den wilden Thymian und starrte in das brennende Blau des Himmels. Dann suchte sein Geist, der schwer und dunkel war wie der Wein seiner Heimat, nach Worten, die er Jacqueline sagen würde, und er reihte die Worte in Gedanken zu einer Rede, die machtvoll war und voller Schwung und die alles umschloß, was sein Herz bewegte.

Stellen Sie also keine Überlegung etwa dergestalt an: Mein neuer Kurzkrimi ist einmalig, Spitze, die Handlung, die Spannung, diese Pointe, alles wie aus einem Guß. Großartig! Was kommt es bei einer so gelungenen Sache schon auf ein paar Überzeilen an!

Ich rate Ihnen: Kürzen Sie Ihren Text auf die verlangte Länge (s. Muster unten). Sie ersparen sich damit eine Enttäuschung.

Wie ein Text gekürzt werden kann, ist hier demonstriert.

Der ursprüngliche Text (I) sollte um vier Zeilen schrumpfen. Sie wurden mit Behutsamkeit herausgenommen (II), ohne daß die Arbeit wesentlich an Substanz verloren hätte. Die Markierungen (x) zeigen an, wo gekürzt wurde.

II.

Sie hieß Jacqueline, aber in dem armen Dorf zu Füßen
der Alpilles wurde sie nur (x) »Die Rote« gerufen.
Ihr Haar war von der Farbe der reifen Wildrosenfrüchte;
ihre Haut schimmerte wie (x) durchscheinender Alabaster, und
auch die sengendste Sonne vermochte sie nicht zu tönen.
Meist trug sie einen (x) feuerroten Wollrock, und wenn sie sich
zum Tanze schmückte, legte sie ein rotes Tuch um die Schul-
tern und eine Kette von (x) roten Korallen um den Hals.
»Sie ist die Schönste weitherum«, sagten die Burschen,
wenn sie am Sonntag nach der Messe vor der (x) Dorfkirche stan-
den. »Aber sie ist erkältend wie der Mistral; sie vergiftet
die Träume und trägt Unruhe in die Herzen.«
Der ansehnlichste Bursch im Dorf war Jacques.
Jacques liebte Jacqueline.
Wenn er nach der Arbeit im Steinbruch (x) ins Dorf hinunter-
stieg, warf er sich manchmal zwischen den wilden Thymian
und starrte in das brennende Blau des Himmels. Dann suchte (x)
er im Geist nach Worten, die er Jacqueline sagen würde, und
er reihte (x) sie in Gedanken zu einer Rede, die (x) voller Schwung
war und die alles umschloß, was sein Herz bewegte.

Unsere Freunde in den Redaktionen sind – in der Regel – mit Arbeit bis über beide Ohren eingedeckt. Der Chef vom Dienst drängt, die Satzherstellung moniert, der Drucktermin hängt wie ein Damoklesschwert über ihren Häuptern. Ein Manuskript kürzen oder strecken? Keine Zeit und – menschlich verständlich – manchmal auch keine Lust. Ein paar wenige tun es dennoch, aber ich lasse es gar nicht erst darauf ankommen und liefere entweder die geforderte Länge oder lasse die Finger von einer Aussendung.

Und noch eine Wichtigkeit: *Quetschen Sie nicht!*

Was das nun schon wieder heißt? Lassen Sie es mich erklären:

Sie sollen ein Manuskript von sagen wir fünf Schreibmaschinenseiten Umfang abliefern. Diese Vorgabe ist nach unseren inzwischen gewonnen Kenntnissen ungenau. Korrekt müßte die Textmassenvorgabe auf Anschläge lauten.

Sie können nachfassen und durch einen Anruf in der Redaktion erfragen, was mit einer Schreibmaschinenseite Text gemeint ist. Genau. Dann ist alles klar.

Gehen Sie aber getrost davon aus, daß der auftraggebende Redakteur die übliche Norm gemeint hat, also pro Schreibmaschinenseite zwischen 1600 und 1900 Anschlägen, insgesamt demnach einen Gesamttext von 8000 bis 9500 Anschlägen.

Nun hat Ihre Ausarbeitung aber 10500 Anschläge. Jetzt können Sie »quetschen«.

Dafür gibt es mehrere Möglichkeiten. Sie schreiben statt 60 Zeichen deren 65 auf die Zeile, Sie tippen pro Seite satte 38 Zeilen statt 30, oder Sie stellen, wenn Sie das entsprechende Schreibgerät haben, auf schmale Buchstaben um.

Sie quetschen also einen an sich zu umfangreichen Text in die geforderte Länge. Tun Sie es nicht! Redakteure sind nicht von gestern und entdecken die List schon beim ersten Hinsehen. Der Herr oder die Dame von der gegenüberliegenden Seite des Schreibtisches wird Sie verwünschen, weil Sie etwas anderes geliefert haben, als verlangt war.

Die einzig richtige Lösung des Problems: *Kürzen Sie Ihren Text!*

Viele, viel zu viele Autoren hängen an jedem Wort, das sie einmal niedergeschrieben haben. Wie Kinder an ihren Lieblingsspielzeugen. Sie verteidigen jede Zeile mit Verbissenheit, betrachten auch die kleinste Kürzung als Zumutung und Eingriff, ja als Verstümmelung ihres Werkes.

Lassen Sie sich von einem erfahrenen Kutscher sagen: Kürzungen sind das Schlechteste nicht! Manche meiner Geschichten hat via Kürzung erst ihre beste Gestalt bekommen.

Warum ich mich über dieses Problem so ausführlich verbreite, hat einen einfachen Grund. Große Illustrierte und bedeutende Wochenblätter sind die Spitzenzahler in der Branche. 1000 Mark für einen Kurzkrimi von 100 Zeilen, 2500 Mark für eine Love-Story? Lohnt da nicht eine gehörige Anstrengung?

Sie werden fragen: Woher soll ich wissen, wie lang der Kurzkrimi in ›Quick‹ oder der sogenannte abgeschlossene Roman in ›auf einen blick‹ sein darf? Arbeiten Sie mit einer Agentur zusammen, bekommen Sie die verlangte Textmenge von Zeit zu Zeit vorgegeben. Das gehört zu deren Service. (S. Seite 111)

Betreiben Sie Ihr Vertriebsgeschäft in eigener Regie, müssen Sie selbst eruieren.

Das geht ganz einfach. Sie kaufen sich die in Frage stehenden Zeitungen oder Zeitschriften und zählen die Textmengen der für Sie wichtigen Geschichten aus. Damit haben Sie bereits die Vorgabe.

Doch Vorsicht! Die Textlängen ändern sich. Häufig sogar. Zum Beispiel immer dann, wenn das Blatt eine neue Gestaltungskonzeption entwickelt hat, den Bildteil vergrößert oder zurücknimmt, mehr Anzeigen aufnimmt und bei ähnlichen Anlässen. Für unseren Informationsstand ist es deshalb wichtig, eine Publikation eine Zeitlang zu beobachten und zu studieren. Immer wieder neu auszählen! (Siehe auch *Typometer* auf Seite 179.)

Ich habe im Wartezimmer meines Zahnarztes nie Langeweile. Ich nehme mir die ausliegenden Zeitschriften vor und lese Geschichten. Dabei erfahre ich immer etwas, das für meinen Job wichtig ist. Wenn es angängig ist, zähle ich gleich vor Ort aus. Mit etwas Routine geht das auch ohne Zeilenzähler. Das Ergebnis wird sofort notiert oder in das Taschendiktiergerät gesprochen.

Schluß mit der Plage! Nachtrag zur 1. Lektion

Elektronik macht das Schriftstellern leichter

Die Zeiten, da Poeten ihre Werke mit Feder und Tinte zu Papier brachten, sind passé – vorbei. Man mag es bedauern oder nicht, am Ausgang eines Jahrhunderts, das wie kein anderes zuvor vom technischen Fortschritt bestimmt ist, haben sich auch die Arbeitsmethoden für uns geändert. Und da wir nicht auf dem Mond leben, sondern mit beiden Beinen im Alltag mit seinen Erfordernissen stehen, sollten wir die Konfrontation mit der technischen Entwicklung annehmen und sie immer dort, wo sie uns nützt, mitmachen.

Die progressive Bürotechnik hat mit den hergebrachten Techniken, den überkommenen Methoden aufgeräumt und die Schreibstuben vom Mief entlüftet. In den letzten 20 Jahren hat sich auf diesem Gebiet mehr getan als in der ganzen Menschheitsgeschichte zuvor.

Der modern ausgerichtete Arbeitsplatz eines Autors hat denn auch mit dem von gestern nicht mehr gemeinsam als die Concorde mit der Postkutsche.

Die Frage, ob wir uns den neuen Gegebenheiten stellen sollen, beantwortet sich von selbst. Wir haben gar keine Wahl, denn wollten wir uns dem Trend nicht anschließen, kämen wir ins Hintertreffen. Unweigerlich!

Das Problem ist, wie wir uns die Möglichkeiten, die sich auftun, nutzbar, wie wir unsere Büroarbeit mit den neuen Methoden effizienter gestalten können.

Ich schreibe – der Himmel weiß warum – meine Textentwürfe und Rohmanuskripte immer noch, wie eh und je, auf einer mechanischen Schreibmaschine. Aber meine für die Aussendung bestimmten Texte werden auf dem Schreibautomaten hergestellt, und sie sind alle auf Disketten gespeichert und damit zum Abruf archiviert. Der Tag, an dem ein Computer mit Bildschirm neben meinem Schreibtisch stehen wird, ist schon terminiert.

Seitdem sich die Elektronik an meinem Arbeitsplatz breitgemacht hat, habe ich mehr, sehr viel mehr Zeit zum Schreiben als jemals zuvor.

Der Einwand, daß solch stumme Diener zwar gut und nützlich, aber doch recht kostspielig seien, zieht nicht. Sie stellen vielmehr eine Anschaffung dar, die sich schon nach kurzer Zeit bezahlt macht. Tausendfach bezahlt. Es ist keine Frage, wessen jährliche Investitionen sich auf den Kauf eines neuen Farbbandes und den Erwerb eines Dutzend Schreibstifte beschränken, wird im Wettlauf um den Kunden in Zukunft auf den allerletzten Plätzen landen!

Sicher: Wir müssen vielleicht auf diese oder jene Annehmlichkeit verzichten, uns ein Vergnügen, ja vielleicht sogar eine schöne Reise verkneifen, bis die Ausstattung bezahlt ist: Aber wir erkaufen uns auch ein Stück Freiheit – die Freiheit von der Sklaverei der täglichen Büroroutinearbeit.

Deshalb gehört eine moderne elektronische Schreibmaschine oder besser ein Textautomat mit Diskettenstation zu unserem Handwerkszeug.

Um gleich einem Aber zu begegnen: Auch mit den neuen Geräten ist mein Schriftstellereibetrieb nicht zur Manuskriptmanufaktur verkommen. Den Kopf kann nämlich auch der gerissenste Computer nicht ersetzen.

Eine elektronische Schreibmaschine mit auswechselbaren Typenrädern, Tabulator, Randsteller, Dauerfunktion aller Tasten, 20-Zeichen-Korrekturspeicher ist heute schon für 450,– DM zu haben, und für einen Textautomaten brauchen nicht mehr als 5000 Mark angelegt werden. Dafür können Sie den Kanister mit Tipp-Ex in den Müll geben und Ihre Schreibhilfe in Urlaub schicken.

Ich will nicht die Werbesprüche der Herrn Büromaschinenvertreter nachbeten und nicht die Lockslogans der Industrie, aber ich garantiere Ihnen, noch ehe ein halbes Jahr um ist, werden Sie sich fragen: »Weshalb um alles in der Welt habe ich mir den elektrischen Kameraden nicht schon früher angeschafft?«

Sie werden ihn nicht mehr missen wollen. Vieles, was zuvor Plakkerei und gehaßte Schinderei war, wird jetzt geradezu zum Kinderspiel.

Lassen Sie mich hier nur andeuten, was so ein Gerät in unseren Winzlingsbetriebchen zu leisten vermag: unkomplizierte Korrekturarbeit von der ersten Rohfassung bis zur endgültigen Fertigstellung des Manuskripts zum Beispiel. Tippfehler verschwinden, ohne häßliche Spuren zu hinterlassen. Sie können mitten in einem Absatz streichen oder neu formulieren. Der Textautomat macht es möglich, ganze Absätze oder Satzteile umzubauen und an anderer Stelle einzufügen. Mit dem neuen Gerät fällt das häufige Neuschreiben weg, es liefert saubere, phantastisch aussehende Manuskripte. Die Redakteure werden Luftsprünge machen! Mit dem Automaten läßt sich auch die Geschäftspost schnell erledigen. Formbriefe, Rechnungs- und Buchungstexte, Adressen und all dieser Klimbim werden erst gespeichert und nachher, bei Bedarf, einfach abgerufen. Das geht in Sekundenschnelle.

Sicher, unsere Geschichten müssen wir, wie gestern und vorgestern, selbst erdenken und erdichten, aber die so oft beklagten, als unproduktiv empfundenen Stunden für den administrativen Teil unserer Arbeit entfallen fast zur Gänze.

Die Elektronik hat sich aufgemacht, unsere Tätigkeit, wenigstens in Teilbereichen, zu revolutionieren. Machen wir mit, und ziehen wir aus dem Wandel Nutzen.

Schreibautomaten werden immer besser und billiger, von Jahr zu Jahr. Der Markt ist ständig in Bewegung. Deshalb mag ich auch kein bestimmtes Fabrikat oder Modell herausstellen oder favorisieren. Man muß das Passende suchen. Bevor ich meine Maschine kaufte, habe ich unendlich viel herumgehört, gefragt, gebohrt, geschrieben, bin auf Ausstellungen und zu Messen gegangen, habe Prospekte und Kataloge gewälzt und bin Fachleuten mit meiner Fragerei auf die Nerven gefallen.

Eine erste Informationsadresse sind übrigens Kollegen, die schon ein Gerät besitzen.

Sie sollen beim Schreiben über Ihren Text nachdenken und nicht über die Bedienung Ihres Automaten. Kaufen Sie deshalb kein zu kompliziertes Modell, sondern ein simples, leicht zu bedienendes, eines, mit dem Sie nach kurzer Einübung schlafwandlerisch sicher umgehen können. Lassen Sie sich kein Riesenmonstrum aufschwätzen, das vielleicht einer großen Steuerkanzlei oder einer mittleren Maschinenfabrik nützlich ist. Da müssen Sie für eine Unmenge Funktionsmöglichkeiten zahlen, für die Sie in praxi keinen Bedarf, keine Verwendung haben. Ein Irrtum, ein Fehlkauf kostet Sie nicht nur viel zuviel Geld, er stellt auch die Vorteile, die Ihnen das Gerät bringen soll, in Frage.

Müssen wir unbedingt das allerneueste, das Nonplusultra-Ding von Apparat kaufen? Nein, bestimmt nicht. Für unsere Zwecke tut es auch ein gutes Auslaufmodell. Da ist manch großer Geldschein einzusparen. Und feilschen Sie um Preise und Rabatte! Nur: Die Gerätewartung muß auf Jahre gesichert sein! Darauf sollten Sie achten.

Lassen Sie uns diese 1. Lektion der Hochrain-Methode zu Ende bringen.

Unser Manuskript ist normgerecht fertiggestellt. Das Ergebnis ist das Original – das Mutter-Manuskript. Bevor wir die Mutter sich vermehren lassen, um dann mit dem Versand zu beginnen, noch ein Einschiebsel: Geben Sie ein *Originalmanuskript* nicht aus der Hand. Niemals! Was geschehen kann, wenn Sie es dennoch tun, demonstriert die folgende kleine Episode:

Ich war mit dem Theater-, Film- und Musical-Autor Peer Schwenzen (unter anderem das Drehbuch zu »Piroschka«) befreundet. Peer schrieb nicht nur für Theater-, Film- und Musikbühnen, er war, vor allem in seiner Frühzeit, auch Verfasser vieler vortrefflicher Kurzgeschichten und Glossen. Und er war, Gott sei's geklagt, ein leichtsinniges Huhn. Als er älter wurde, in einer Zeit, in der es ihm wirtschaftlich gar nicht mehr gut ging, kam eines Tages eine Literaturagentin zu ihm: »Ich weiß, Sie haben ganz ausgezeichnete Kurzprosa verfaßt«, sagte sie. »Ich würde Sie gerne unter Vertrag nehmen und Ihre Arbeiten an die Printmedien und den Funk vertreiben. Können wir ins Geschäft kommen?«

Peer hätte das Angebot liebend gerne angenommen – aber er besaß, von ein paar Belegstücken abgesehen, nichts mehr von seinem einstigen Reichtum an Manuskripten. Nicht aufbewahrt, weggegeben, verschlampt, verweht, untergegangen. Verloren für immer.

Ein schlimmer Verlust nicht nur für ihn, sondern auch für seine Freunde und Leser.

Hochrain-Methode
2. Lektion

Durch Mini-Organisation
leichter und besser verkaufen
Wie man Manuskripte und Kunden
zweckmäßig erfaßt

Meine Methode ist aus kleinsten Anfängen entwickelt worden. Auch ich habe, wie die meisten Kollegen, einmal mit einigen wenigen Texten angefangen. Ich besaß eine alte Schreibmaschine und nur das allernötigste an Bürokram und Organisationshilfsmitteln. Trotzdem funktionierte meine Methode jahrelang einwandfrei und zuverlässig, und mit einem Minimum an Zeitaufwand. Ich habe gut mit ihr gearbeitet.

Heute besitze ich zwar einen Schreibautomaten mit Diskettenstationen, einen leistungsfähigen Kopierer, Karteien und eine Hängemappen-Registratur. Meine Methode wende ich aber immer noch an. Fast unverändert und nur den neuen Gegebenheiten angepaßt.

Ich speichere jetzt meine Manuskripte auf Diskette und habe sie somit jederzeit abrufbereit. Ich verschicke keine Kohlepapier-Durchschläge mehr, sondern gestochen scharfe, auf dem Originalpapierkopiergerät hergestellte Texte.

Bevor ich Ihnen verrate, warum wir ein *Manuskriptbuch* brauchen und was es damit auf sich hat, eine kleine Episode: Vor Jahren, als ich auf das Fotokopierverfahren umstieg, schrieb mir ein Redakteur, er könne meine neuerdings offensichtlich en masse hergestellten Manuskripte nicht drucken. Bei ihm hätten nur jene Autoren eine Chance, die mit der Schreibmaschine getippte »Originalmanuskripte« einreichen.

Nun gut, das war einmal. Heute stößt sich niemand daran, wenn auch unsere Schriftstellereibetriebchen an den Segnungen des technischen Fortschrittes partizipieren. Unsere Arbeit ist ja dadurch nicht schlechter geworden.

Diese Feststellung schließt freilich nicht aus, das es immer noch Freunde auf der anderen Seite des Schreibtisches gibt, die unseren Umgang mit den neuen Bürohilfsmitteln mit Mißtrauen beobachten. Nicht, daß man gerade verlangt, wir sollten besser bei Feder, Tinte und Streusand bleiben als uns an Computern zu versuchen, doch was im Verlagsgewerbe längst gang und gäbe ist, wird uns nicht vorbehaltlos zugestanden: So weigerte sich im Jahre 1987 ein großer Zeitschriftenverlag plötzlich, fotokopierte Manuskripte zu prüfen. Er forderte Originalmanuskripte. (Zum Unterschied von Originalmanuskripten, Originaltexten und Originalbeiträgen siehe Seite 177.) Die Folge war, daß clevere Kollegen ihre Manuskripte einzeln durch ihre Schreibautomaten jagten. Originalmanuskripte? Mitnichten! Aber der Verlag bekam, was er wollte. Dachte er wenigstens.

Gerade in den Tagen, da ich am Manuskript dieses Buches arbeitete, kam ein neuer Schrieb von dem bewußten Verlagsgroßunternehmen: Jetzt müssen die Einreicher von Manuskripten eine Erklärung unterschreiben, daß die vorgelegten Beiträge garantiert *Originaltexte* seien!

Hinter diesen, beim ersten Hinsehen nur schwer verständlichen Praktiken steckt – wenigstens soweit sie von großen Publikationen so gehandhabt werden – eine berechtigte Sorge: Diese Presseorgane können und dürfen, ihrer Bedeutung und großen Verbreitung entsprechend, nur Beiträge veröffentlichen, die noch nirgends erschienen sind und gleichzeitig auch keinem anderen Blatt angeboten wurden. Man spricht zwar von Originalmanuskripten, meint aber Originaltexte, Exklusivbeiträge oder Erstveröffentlichungsrechte. Die Giganten unserer Presselandschaft haben die – nicht unbegründete – Sorge, ein Autor möchte seine Geschichten x-mal vervielfältigen und nach dem Gießkannenprinzip an alle und jeden verschicken. Das könnte zum Exempel im Fall des Falles dazu führen, daß *›Quick‹* und *›Neue Revue‹* in derselben Woche denselben Kurzkrimi veröffentlichen. Das aber wäre dem Ansehen der Zeitschriften auf eine ganz schlimme Weise abträglich.

Man sage deshalb nicht, hinter der hier angesprochenen Forderung nach Originaltexten und Exklusivrechten der Verlage stünden kleinliche Pedanterie oder Schikane.

Aus eigener Erfahrung weiß ich, daß es in unserer Autorenherde immer wieder schwarze Schafe gibt, die mit allen und auch den unsaubersten Methoden versuchen, die Redaktionen zu düpieren und aufs Kreuz zu legen. Der Schaden, den sie anrichten, ist ihnen sichtlich gleichgültig, sie sind nur wild auf das gute Honorar.

Doch ich will auf mein Thema zurückkommen.

Damit wir unsere Manuskripte ordnen und registrieren können, brauchen wir ein *Manuskriptbuch*.

Gute Dienste leistet dafür ein einfaches Quartheft, liniert, mit Alphabetregister.

Jedes Manuskript, das wir produzieren, bekommt eine fortlaufende Nummer und wird mit dieser unter den Anfangsbuchstaben des Titels in das Register eingetragen.

Die Manuskriptnummer lasse ich übrigens auch ganz oben links auf dem Versand-Manuskript erscheinen. Das ist nützlich und hat sich gut bewährt, wenn es darum geht, die Texte zu ordnen und in die dazugehörigen Mappen abzulegen.

Als nächstes bekommt das Manuskript eine *Manuskriptkarte* (s. Muster Seite 60/61). Auf diese Karteikarte kommt der Titel der Arbeit, die Manuskriptnummer und Angaben ad libitum. Ich notiere zum Beispiel die Länge (Anschläge) der Story. Das hat sich als sehr hilfreich erwiesen.

Die Manuskripte hebe ich in einfachen Umschlagmappen aus ca. 140 g Postkarten-Karton (Maße ca. 32 x 23 cm) auf. Außen kommt ein Selbstklebeetikett mit dem Titel und der Manuskriptnummer drauf. Diese Mappen wiederum ordne ich, zu mehreren nach Nummern sortiert, in Hängemappen, und diese finden schließlich in einfachen, preiswerten Hängekarteikörben ihren Platz.

Suche ich jetzt ein Manuskript, schaue ich im Manuskriptbuch nach. Aha, der Text XY hat die Nummer 100. Ein Griff in die Hängemappe, und ich ziehe die Manuskriptmappe 100 heraus. Dann wird der Manuskriptkartei die Nummer 100 entnommen, und schon liegen Manuskriptkarte und Manuskriptmappe vor mir. Eine glatte, denkbar einfache Sache. Nichts geht verloren, jedes Manuskript ist in Sekunden gefunden.

Die Vorräte an Manuskripten halte ich klein. Das Original für das Kopiergerät und zwei oder drei Exemplare in Reserve für die Aussendungen. Mehr nicht. Das hat sich in praxi als ausreichend erwiesen.

Zur Vervollständigung unseres Aussende-Instrumentariums brauchen wir noch ein *Kundenbuch.*

Kunden nenne ich Redaktionen, Verlage, Agenturen, Rundfunkstationen, kurz alle, denen wir unsere Manuskripte zur Veröffentlichung anbieten wollen.

Auch das Kundenbuch ist ein kleines Quartheft mit Alphabetregister. Jeder Kunde bekommt eine fortlaufende Nummer und wird alphabetisch richtig ins Kundenbuch eingetragen.

Zum Kundenbuch kommt logischerweise die *Kundenkarteikarte.* Sie trägt die Adresse, das ist die Anschrift des Kunden, die Kundennummer und einige weitere nützliche Kurzangaben. (S. Seite 62/63)

Gute Kundenadressen sind für uns ein wichtiges Betriebsvermögen. Gut heißt, der Kunde muß tatsächlich Partner sein und keine Karteileiche, die wir uns aus einem Adressenverzeichnis herausgeholt haben und jahrelang mit herumschleppen. *Er muß für uns in Frage kommen,* also ein potentieller Abnehmer unserer Texte sein.

Die Beschaffung der Adressen ist einfach. Wir entnehmen sie dem Impressum der jeweiligen Zeitung oder Zeitschrift, auch der STAMM (s. Seite 178) leistet Nützliches.

Achten Sie bitte darauf, daß Ihre Kundenkartei immer à jour ist. Ohne ständige Überwachung, Berichtigung und vor allem ohne Ergänzungen und Verbesserungen ist die Kartei nichts wert, sie ist »Dreck aus Wellblech«, um Bert Brecht zu zitieren, und für unsere Aussendetätigkeit nutzlos.

Außer der Adresse vermerke ich auf der Kundenkartei – sofern ich das eruieren konnte – den in Frage kommenden Redakteur (sehr häufig sind es Redakteurinnen), dessen oder deren Telefonnummer und als nächstwichtigen Eintrag kurze Angaben über die Art der Publikation, zum Beispiel *Tageszeitung, Frauenjournal* oder *Kirchenzeitung.* Andere hilfreiche Vermerke kommen hinzu.

Viele Publikationen haben bestimmte, sozusagen festzementierte Vorstellungen, wie lang (wieviel Anschläge) ein Text in ihrem Unterhaltungsteil – um diesen geht es uns ja in der Regel – sein darf. Solche Details werden uns nur ausnahmsweise von den Redakteuren bekanntgegeben. Von allein tut es nach meiner Erfahrung kaum einer. Das müssen wir selbst herausfinden. Dazu besorgen wir uns eine Nummer des betreffenden Organs. (Bei Tageszeitungen immer die Wochenendnummer, weil in ihnen in der Regel Texte, wie wir sie schreiben, abgedruckt werden.) Mit dem Zeilenzähler ermitteln wir die gedruckte Textmasse und übertragen die errechneten Anschläge auf die Kartei. Also zum Beispiel: *›Bonner Generalanzeiger‹* hat im Unterhaltungsteil Kurzgeschichten von 5000 bis 7000 Anschlägen. Damit haben wir einen wichtigen Anhaltspunkt für unsere Aussendungen.

Besonders bei großen Publikumszeitschriften, also Illustrierten, Frauenzeitungen, Massenblättern und ähnlichen Medien ist die Anschlagszahl von allergrößter Wichtigkeit. Sie ist das erste Kriterium, das über Annahme oder Ablehnung entscheidet. Diese Blätter haben hinsichtlich der Textlängen keinen oder nur einen ganz minimalen Spielraum nach oben oder unten. Wir müssen also auf den *Punkt* genau die Länge, die vorgegeben ist, liefern.

Hat uns eine Redaktion oder ein Verlag eine *Mitarbeiternummer* zugeteilt, kommt diese selbstverständlich auf die Kundenkarte. Sie sollte auch auf allen Korrespondenzen aufscheinen.

Weitere informelle Notizen, die auf der Kundenkarte ihren Platz finden können: Besondere Vorlieben des zuständigen Redakteurs und Angaben über Erscheinungsweise des Organs, also zum Beispiel »viermal im Jahr«, »täglich«, »wöchentlich«, »bringt Kindergeschichten«, »keine Krimis«, auch gemachte Erfahrungen haben hier ihren Platz, in etwa »schickt grundsätzlich keine Manuskripte zurück« oder »druckt nur Originalbeiträge«, »Erstrechte«, »nimmt keine Tiergeschichten«, und so weiter, und so weiter.

Zu den Kundenkarten kommen die *Kundenmappen.* Das sind bei mir gleichfalls die praktischen Hängemappen. Nach meiner Erfahrung sind sie das einzig Wahre. Die Kundenmappe nimmt die Kundenkarte auf und wenigstens ein einziges Ansichtsexemplar des betreffenden Publikationsorgans. An Hand dieses können wir uns bei der Aussendung mit einem einfachen Zugriff jederzeit unterrichten, mit dem wir es zu tun haben, was für eine Tendenz das Blatt hat, welche anderen Autoren im Unterhaltungsteil schreiben und was dergleichen nützliche Informationen mehr sind.

Wir können auch die uns zugesandten Belegstücke in der Kundenmappe aufheben. Nur zu dick sollte sie darüber nicht werden.

Weiter kommen in die Kundenmappe die *Versandadressen.* Steht Ihnen als Hilfsmittel kein Kopierer zur Verfügung, schreiben Sie die Kundenadressen mit der Schreibmaschine auf die Briefumschläge.

Besitzen Sie so ein nützliches Gerät, wird die Sache quasi zur Spielerei: Beschaffen Sie sich ein System kopierfähiger Selbstklebe-Etiketten, und verfahren Sie nach der Herstellervorschrift. (Ich verwende Zweckform-Kopieretiketten selbstklebend.) Mit dieser patenten Methode stellen Sie mit dem Kopierer in einer Sekunde 14 – 20 fertige Aufklebeadressen her.

Die Bogen mit den beschrifteten Etiketten kommen in die Kundenmappe. Brauchen Sie nun eine Briefadresse, lösen Sie einfach ein Etikett ab und kleben es auf den Umschlag. Das ist die ganze Angelegenheit.

Der Schriftsteller kann zu seinem Vergnügen schreiben; die Literatur gewinnt den Rand des Spielens wieder, sie verliert den Charakter des grimmigen Ernstes. Der Schriftsteller, der kaufmännischer Angestellter, Richter oder Arzt ist, braucht das ermüdende literarische Gezänk nicht ernst zu nehmen. Er hat Zeit und kann warten. Sein Ehrgeiz gilt allein seinem Werk, das Tag für Tag mit der Wirklichkeit konfontiert wird . . .

Walter Jens

Man kann für sich selbst,
den Leser oder für Geld schreiben.
Ich habe es immer mit dem Sowohl-Als-auch gehalten.

Helmut Hochrain

Hochrain-Methode
3. Lektion

Mit System
das richtige Manuskript
auf den richtigen Redaktionstisch
und was man dabei außerdem
noch beachten muß

Unsere Texte sollen veröffentlicht werden.

Das ist Sinn und Trachten unseres Strebens. Solange wir sie nicht gedruckt sehen, sind unsere Manuskripte nicht mehr wert als ordentlich beschriebenes Papier.

Die Arbeit des *Zusammentragens,* die ich in dieser Lektion verständlich machen werde, ist darauf gerichtet, das richtige Manuskript auf den richtigen Schreibtisch zu bringen. Denn: Eine Aussendung, die an der falschen Adresse landet, war das Geld für die Briefmarke nicht wert. Sie findet allenfalls den Weg zu uns zurück oder vergammelt – was auf das gleiche hinausläuft – in einer Redaktionsmappe.

Es ist hier wie auf jedem x-beliebigen Markt auch. Unsere Kunden, die Redakteure also, kaufen nur, was sie brauchen und verwerten können.

Deshalb schicken wir *›Playboy‹* keine plüschigen Gartenlaubengeschichten, versenden an erzkonservative Tageszeitungen keine Texte, die Law and Order in Frage stellen, und bedienen klerikale Publikumsblätter nicht mit amourösen, pikanten Erzählungen. *›Quick‹, ›Revue‹* oder *›Bunte‹* schwierige, gedankentiefe, epische Texte verkaufen zu wollen, ist schlicht naiv.

Bevor wir ans Zusammentragen gehen, listen wir unsere Texte in zwei Kategorien auf. Ein paar linierte DIN-A4-Bogen, mehr braucht es dazu nicht.

Zuerst die Auflistung nach Textmassen.

Um einen schnellen Überblick zu bekommen, was uns an dieser oder jener Manuskriptlänge an versandfertigen Texten zur Verfügung steht, ordnen wir unsere Titel zu Gruppen. Das könnte so aussehen:

bis 2000 Anschläge	Manuskriptnummer	Titel
	10	Herbst
	12	Erste Liebe
	15	Der Großvater

und so weiter und so weiter

2000–3000		
Anschläge	5	Der Trick
	8	Die Schwestern
	22	Schau zurück, Clarissa

und so weiter und so weiter

3000–4000		
Anschläge		
4000–5000		
Anschläge		

und sinngemäß so fort.

Wir können selbstverständlich auch noch feiner, genauer differenzieren, als ich es hier vorschlage.

Brauchen wir für eine Aussendung nun einen Text von beispielsweise 4500 Anschlägen, genügt ein Blick auf unsere Liste, und schnell haben wir, was wir suchen.

Zum zweiten listen wir unsere Texte *nach Inhalten, nach Themen* also, auf. Das ist etwas komplizierter, weil sich unsere Geschichten nicht immer ohne weiteres einer einzigen Kategorie zuordnen lassen. Macht nichts, dann erscheint eine Arbeit eben unter mehreren Spitzen. Hier einige Vorschläge für den Themenkatalog:

Liebe	Berufe	Krankheit/Tod
Kinder	Arbeitswelt	Umwelt
Familienfeste	Familie	Eltern
komisch	Jugendliche	Alter
Fest- und Feiertage	lustig	ernst
Auto/Verkehr	fromm	Jahreszeiten
Tiere	Ferien/Freizeit	Glossen
Kurzkrimis	Unheimlich	Anektoden
Erlebnisgeschichten	Love Stories	Witze

Die Liste wird so ergänzt, wie es die Inhalte unserer Stories verlangen. Mit auf diese Liste kommt vor den Titel der Geschichte die Manuskriptnummer. Das erleichtert nachher die Arbeit des Zusammentragens.

Wie das *Zusammentragen* abläuft, demonstriere ich der Einfachheit halber an einem Beispiel:

Wir wollen der *›Hannoverschen Allgemeinen Zeitung‹* für ihre Wochenendbeilage *›Der siebente Tag‹* eine unserer Geschichten zum Abdruck anbieten.

Zuerst ein Blick ins Kundenbuch. Die Hannoversche hat die Kundenummer 100. Aus der hinzugezogenen Kundenkarte erfahren wir: Das Blatt bringt unterhaltende Texte jeder Art zwischen ca. 4500 und ca. 9000 Anschlägen.

In unserer Liste suchen wir nun einen Text passender Länge. Nehmen wir an, er hieße *Das Wochenende* und hat die Manuskriptnummer 50.

Also tragen wir auf die Manuskriptkarte Nr. 50, Datum, Kundennummer und *›Hannoversche Allgemeine Zeitung‹* ein.

Auf die Kundenkarte Nr. 100 kommt analog Datum und Manuskriptnummer und der Titel: Nr. 50 *Das Wochenende.*

Jetzt ein Griff in die Manuskriptmappe Nr. 50. Wir nehmen ein vorbereitetes Manuskript heraus und geben es in den Umschlag, auf den wir dann noch das Selbstklebeetikett mit der Adresse der Hannoverschen anbringen.

Jetzt noch das Begleitschreiben dazu, und dann kann die Post abgehen.

Der ganze Vorgang erfordert nur zwei Eintragungen. Einen auf der Manuskriptkarte und schließlich noch jenen auf der Karte des Kunden.

Das wäre auch schon alles. So einfach ist das!

Ein Wort zu den Kontrollen, die notwendig sind, damit unser System auch zuverlässig funktioniert:

Vor dem Eintrag auf die Kundenkarte ist zu prüfen, ob der *›Hannoverschen Allgemeinen Zeitung‹* das Manuskript Nr. 50, *Das Wochenende,* schon früher angeboten wurde. Vielleicht hat sie diesen Text sogar schon einmal gedruckt. In diesem wie in jenem Falle müssen wir ein anderes Manuskript für unsere Aussendung aus der Liste Nr. 1 (Textmassen) auswählen.

Die nächste Überprüfung gilt der Manuskriptkarte. Wem haben wir das Manuskript Nr. 50 bereits angeboten? Da steht es: Vor einem Jahr ging es an die *›Braunschweiger Zeitung‹*. Da es nicht zurückgeschickt wurde und auch kein Abdruck erfolgte, kann der Text als untergegangen gelten. Abgehakt! Dann haben wir das Manuskript kürzlich den *›Kieler Nachrichten‹* geschickt. Kiel aber liegt außerhalb des Verbreitungsgebietes der Hannoverschen Allgemeinen. Also ist diese Aussendung unschädlich.

Läge das Manuskript aber auch noch bei der *›Hessisch/Niedersächsischen Allgemeinen‹*, Kassel, dürften wir es der Hannoverschen nicht schicken. Hier tangieren sich zwei Blätter, und wir wollen unserem Kunden in seinem Verbreitungsgebiet ja das alleinige Veröffentlichungsrecht garantieren.

Manuskriptkarte

Titel: Das Tor nach draußen

Entstehungsjahr 1987

Aussende-tag	Kunden Nr.	Publikation	zurück-gesandt	ange-nommen	Sper verme
10.1.87	75	Mittag / Frankfurt	4.2.87		
10.2.87	99	Norddeutsche Tagespost		26.2.87	
10.2.87	15	Abendzeitung / Freiburg	17.2.87		
10.2.87	17	Passauer Zeitung			
27.3.87	67	Generalanzeiger / Lübeck		10.4.87	
6.6.87	7	Die Frau / Zürich		19.6.87	
10.11.87	~~7~~ 45	Neue Post / Ludwigshafen	1.12.87		
10.11.87	76	Der Tag / Oldenburg	14.12.87		
10.11.87	35	Tagblatt / Hof		7.11.87	

Die Manuskriptkarten stellen wir selbst her. Die Vorlage wird auf gewöhnliches Schreibmaschinenpapier gezeichnet und mit dem Kopierer auf Karteikarton vervielfältigt. Das ist die ganze Angelegenheit!

Manuskript Nr.: 458

Länge: 4.000 Anschläge

Art: Liebesgeschichte

Anmerkungen: Nicht an Blätter mit christlicher Tendenz

[...]druckt am	Honorar am	DM	Beleg-exemplar	Anmerkungen
.87	6.4.87	75.-	nein	
.87	5.6.87	85.-	ja	
.87	20.8.87	95.-	ja	
4/87	10.9.87	Schweizer Franken 220.-		für die Schweiz gesperrt
.88	29.2.88	110.-	nein	

Kundenkarte

Adresse: Nordd. Tagespost / Redaktion „Am Wochenende"
Postfach 765 2002 Langen

Redakteur(in) Anne Kemmer Tel. 0281/35790

Mitarbeiter Nr. 246

Aussende-tag	Manus Nr.	Manus-Titel	zurück-gesandt	Ms. ange-nommen	Sperr verme
2.1.87	320	Zumutungen	28.1.87		
10.2.87	458	Das Tor nach draußen		26.ii.87	
15.4.87	211	Der weise ~~N~~ Narr		10.6.87	
10.8.87	554	Falkenjagd	9.10.87		
25.10.87	104	Weihnachtslegende		11.11.87	
3.11.87	412	Die Mörderfalle			
10.3.88	174	Zum Weinen glücklich			

Die Kundenkarten stellen wir selbst her. Die Vorlage wird auf gewöhnliches Schreibmaschinenpapier gezeichnet und mit dem Kopierer auf Karteikarton vervielfältigt. Das ist die ganze Angelegenheit!

Verlangte Textmenge: 3.000 - 4.000 Anschläge

Erscheinungsweise: täglich / regional / Tageszeitung

Auflage: 75.000

Kunden-Nr.: 99

Anmerkungen: konservativ / Keine Kindergeschichten

Redaktion gelegentlich anrufen!

druckt am	Honorar am	DM	Beleg-exemplar	Anmerkungen
				zu lang
3.87	6.4.87	75.-	nein	
7.87	19.8.87	104.-	ja	
				9.10.87. Weihnachtsgeschichte angefordert
12.87.	15.1.88	184.-	ja	
2.88	8.3.88	98.-	nein	
				Ostergeschichte schicken!

An dieser Stelle wäre die Frage zu klären, wieviel Zeit nach einer Aussendung verstrichen sein muß, bis ein Manuskript wieder als »frei« gilt und wir es ohne Bedenken einer anderen Publikation im selben Verbreitungsgebiet vorlegen dürfen. Eine allgemeingültige Antwort gibt es nicht. Mir ist es schon untergekommen, daß ein Redakteur nach sage und schreibe zwei Jahren einen meiner Texte aus seinem Manuskriptstapel fischte und druckte. Das ist freilich nicht der Alltag. Im Regelfall ist wohl davon auszugehen, daß eine Redaktion, die vom Tage der Aussendung an ein viertel Jahr verstreichen läßt, ohne zu reagieren, damit ihr Desinteresse an dem Text stillschweigend bekundet.

Sehr hilfreich bei der Lösung dieses verzwickten Problems ist die eigene Erfahrung. Im Laufe der Zeit lernen wir unsere Pappenheimer kennen. Langsamschalter bekommen auf der Kundenkarte einen Vermerk: »Läßt Manuskript sehr lange liegen!« Das ist das Signal, uns in Geduld zu fassen.

Ein verwandtes Problem löst sich auf die etwa gleiche Weise. Reagiert eine Redaktion über einen Zeitraum von ungefähr drei Monaten nicht auf eine Einsendung, können wir getrost eine neue Aussendung an die gleiche Adresse nachschieben.

Nächste Frage: Wieviel Manuskripte sollen wir auf einmal an ein und dieselbe Redaktion aussenden?

Ich habe viele Jahre immer nur ein einziges Manuskript an eine Redaktion ausgeboten – und ich bin gut dabei gefahren. Erst als ich reichlich Material in meinen Mappen hatte, ging ich dazu über, zwei und auch schon einmal drei Manuskripte in einer Aussendung zusammenzufassen.

Verschicke ich ein Manuskript an eine überregionale Zeitung oder Zeitschrift, kommt auf die Manuskriptkarte ein Sperrvermerk. Im Schreibwarenhandel gibt es rote, selbstklebende Punkte, Vierecke oder Pfeile zu kaufen. So einen Blickfang klebe ich in die betreffende Rubrik auf der Manuskriptkarte. Sie signalisiert mir schon beim ersten Hinschauen: *Für XYZ gesperrt! Vorläufig keine Aussendung!*

Auf Seite 60/61 demonstriere ich meine Verfahrensweise an einem Beispiel.

Schickt eine Redaktion unsere Manuskripte zurück oder erfolgt ein Abdruck, müssen wir noch einmal buchhalterisch tätig werden.

Rückgaben werden – mit dem Datum – auf der Manuskriptkarte wie auf der Kundenkarte ausgebucht. Jetzt kann der betreffenden Redaktion wieder ein neues Angebot gemacht werden.

Auf beiden Karten eingetragen werden auch die *Abdrucke.* Ich kennzeichne die Annahmen mit Farbstift. So kann es mir nicht passieren, daß ich der *›Hannoverschen Allgemeinen Zeitung‹* eine Geschichte zum Abdruck anbiete, die vor zwei Monaten schon einmal in der *›Braunschweiger Zeitung‹* stand. Redakteure können gut merken, und wenn ihnen der Kopf signalisiert, diesen Text habe ich doch unlängst irgendwo in meiner Umgebung gelesen, lehnen sie – mit Sicherheit – einen Abdruck ab.

Schreibt uns ein Redakteur: ». . . ich habe Ihr Manuskript *zum Abdruck vorgesehen,* kann Ihnen aber noch keinen festen Termin für die Veröffentlichung nennen . . .«, wird das Manuskript durch einen Vermerk in unseren Karteien für diese Publikation bis zur Veröffentlichung gesperrt.

Damit haben wir diese Lektion der Hochrain-Methode auch schon intus. Am Ende habe ich noch ein Präsent besonderer Art für Sie, liebe Leserinnen und Leser. Es wird Ihnen viel Mühe und Schweiß ersparen.

Auf den Seiten 65 – 74 finden Sie eine Auflistung von Tageszeitungen und Zeitschriften, die im Jahr 1987 kurze, unterhaltende Texte druckten.

Das sind elementare Informationen von eminenter Nützlichkeit. Bedienen Sie sich des in dieser Form erstmals veröffentlichten Instrumentariums.

Hier hat Ihnen ein Praktiker einen kleinen Schatz zugänglich gemacht.

Verzeichnis
der für die Vermarktung von Kurzgeschichten
wichtigsten Tageszeitungen

Alle in der folgenden Liste aufgeführten Tageszeitungen haben im Jahre 1987 Kurzprosa abgedruckt. (Kurzgeschichten, Stories, Kurzkrimis, Kinder- und Tiergeschichten usw.) Die meisten Abdrucke erfolgten in den Wochenendausgaben. Gefragt waren Kurzgeschichten von ca. 1000 Anschlägen an, in der Hauptsache aber Texte von 3600 – 5400 Anschlägen. Längere Texte werden selten gebracht, solche über 7000 Anschläge fast nie. Die meisten Kurzgeschichten erschienen in Feiertagsnummern zu Ostern, Pfingsten und Weihnachten. Bevor Sie Ihre Texte an diese Publikation hinausbieten, sollten Sie sich Ansichtsexemplare zum Kennenlernen der jeweiligen Blätter besorgen.

Augsburger Allgemeine
Redaktion Unterhaltung +
Magazin zum Wochenende
Ludwigstr. 2
8900 Augsburg

l'ami du peuple
Der Volksfreund
Redaktion
30, Rue Thomann
F-67082 Strasbourg-Cedex

Allgemeine Zeitung
Wochenend-Journal
Postfach 3120
6500 Mainz

Badisches Tageblatt
Unterhaltung u. Feuilleton
Postfach 120
7570 Baden-Baden

Braunschweiger Zeitung
Feuilleton u. »Der Sonntag«
Postfach 3263
3300 Braunschweig

Bunte Wochen-Zeitung
Redaktion
Postfach 100524
4300 Essen 1

Bündner Zeitung
Redaktion »Samstag Magazin«
CH-7001 Chur

Donau-Kurier
Redaktion »Zu guter Letzt«
Postfach 340
8070 Ingolstadt

Darmstädter Echo
Redaktion »Magazin zum Wochenende«
Postfach 11 02 69
6100 Darmstadt

Eßlinger Zeitung
Redaktion Unterhaltung +
»Die Leseseite«
Postfach 569
7300 Eßlingen

Frankfurter Rundschau
Redaktion Unterhaltung +
Zeit + Bild
(Spaß, Humor, Satire)
Postfach 26 06
6000 Frankfurt/Main 1

Fränkisches Volksblatt
Redaktion Unterhaltung +
»Stille Stunde«
Postfach 1102
8700 Würzburg

Fränkischer Tag
Redaktion Unterhaltung +
Fränkischer Sonntag
Gutenbergstr. 1
8600 Bamberg

Frankfurter Neue Presse
Redaktion Unterhaltung +
»NP am Sonntag«
Postfach 2929
6000 Frankfurt 1

Die Glocke
Redaktion Unterhaltung +
»Die Glocke am Sonntag«
Postfach 2170
4770 Oelde 1

General Anzeiger
Redaktion Unterhaltung +
»Der Erzähler«
Postfach 1609
5300 Bonn 1

Hessische/Niedersächsische Allgemeine
Redaktion Unterhaltung +
»Bunte Welt«
Postfach 10 10 09
3500 Kassel

Hannoversche Allgemeine Zeitung
Redaktion »Der siebente Tag«
Postfach 209
3000 Hannover

Iserloher Kreisanzeiger und Zeitung
Rdaktion »Bunte Truhe«
Postfach 291
5860 Iserlohn

Kieler Nachrichten
Redaktion Unterhaltung
Fleethörn 1/3
2300 Kiel

Lübecker Nachrichten
Redaktion »Sonntagmorgen«
Postfach 2238
2400 Lübeck 1

Redaktion
Lüdenscheider Nachrichten
und Verlagsgemeinschaft
Südwestfälischer Heimatverleger
Postfach 2169
5880 Lüdenscheid

Main-Echo
Redaktion Unterhaltung +
Wochenendbeilage
Postfach 89
8750 Aschaffenburg

Mannheimer Morgen
Redaktion Unterhaltung
Postfach 1503
6800 Mannheim 1

Münstersche Zeitung
zugleich Redaktion Unterhaltung
A.G. Nordwestd. Verleger
Postfach 5560
4400 Münster

Mittelbayerische Zeitung
Redaktion »MZ am Wochenende«
Postfach 178
8400 Regensburg

Main-Post
Redaktion Fürs Wochenende
Postfach 6160
8780 Würzburg

Der neue Tag
Redaktion Unterhaltung
Postfach 127
8480 Weiden

Neue Presse
Redaktion »Journal«
Postfach 149
3000 Hannover-Kirchrode

Neue Osnabrücker Zeitung
Redaktion Unterhaltung
Postfach 4260
4500 Osnabrück

Nürnberger Nachrichten
Redaktion Wochen-Magazin
Unterhaltung
Postfach
8500 Nürnberg 1

Nürnberger Zeitung
Redaktion »NZ am Wochenende«
Marienplatz 1
8500 Nürnberg

New Yorker
Staats-Zeitung und Herold
Redaktion »vorwiegend heiter«
36–30 37th Street
Long Island City NY 11 101

Nordsee Zeitung
Unterhaltungsredaktion
Postfach 1163
2850 Bremerhaven

Oberösterreichische Nachrichten
Redaktion Unterhaltung +
»OöN-Magazin«
Postfach 78
A-4020 Linz

Offenbach Post
Redaktion Unterhaltung +
Wochenendbeilage
Postfach 164
6050 Offenbach

Offenburger Tageblatt
Redaktion Kultur u. Unterhaltung
zugleich Redaktion A.G. Mittelbadische Heimatpresse
Postfach 2220
7600 Offenburg

Passauer Neue Presse
Redaktion Unterhaltung
Postfach 91
8390 Passau

Reutlinger General Anzeiger
Redaktion »Unterhaltung«
Postfach 45
7410 Reutlingen 1

Rhein-Neckar-Zeitung
Feuilleton + Redaktion
»Sonnstagsseite«
Postfach 1450
6900 Heidelberg 1

Ruhr-Nachrichten
Redaktion Wochenende +
Unterhaltung
Postfach 282
4600 Dortmund 1

Südkurier
Redaktion »Sonntags-Beilage«
Postfach 4300
7750 Konstanz

Südwest-Presse
Beilagenredaktion
Postfach 3333
7900 Ulm

Siegener Zeitung
Redaktion »Unterhaltung«
Postfach 101141
5900 Siegen

Schwarzwälder Bote
Redaktion »Unterhaltung« und
»Der Schwarzwälder am
Wochenende«
7238 Oberndorf

Schwäbische Zeitung
Redaktion »Zeit und Welt«
Postfach 1145
7970 Leutkirch

Trierischer Volksfreund
»Unterhaltungsredaktion«
Postfach 3370
5500 Trier

Die Welt
Redaktion »Geistige Welt« +
»Kleines Welttheater«
Godesberger Allee 99
5300 Bonn 2

Weser Kurier
Redaktion »Die bunte Truhe«
Postfach 38
2800 Bremen 1

Westdeutsche Zeitung
Redaktion Unterhaltung
zugleich Redaktion A.G.
Bergische Zeitung
Postfach 1132
4000 Düsseldorf 1

Westfälischer Anzeiger
Redaktion Unterhaltung – Beilagen
Postfach 746
4700 Hamm

Wiener Zeitung
Redaktion »Beilage«
Rennweg 12a
A-1037 Wien

Verzeichnis
für die Vermarktung von Kurzgeschichten wichtiger Wochenzeitungen und Monatsblätter

Alle in der folgenden Liste aufgeführten Wochen- und Monatsblätter haben im Jahr 1987 Kurzprosa abgedruckt. Gefragt war jede Länge, von der Kürzestgeschichte bis zu Erzählungen mit 10000 Anschlägen und gelegentlich auch mehr. Die meisten Chancen gedruckt zu werden haben freilich Stories zwischen 4500 – 8000 Anschläge. Auffallend an der Auflistung ist der große Anteil christlich orientierter Blätter. Sie sind – das ist keine Frage – wichtige Ansprechpartner. Die Texte müssen sich allerdings gut in die Tendenz der Blätter einfügen. Deshalb vor der ersten Aussendung Ansichtsexemplare besorgen.

Agrar Post
Redaktion Feierabend +
»Kinderpost«
Muthgasse 56
A-1190 Wien

Redaktion
Altbayerische Heimatpost
Vormarkt 3
8223 Trostberg

Altöttinger Liebfrauenbote
Redaktion
Postfach 40
8262 Altötting

Badische Bauernzeitung
Redaktion
Postfach 209
7800 Freiburg

Bäckerblume
Redaktion
Beethovenstraße 55
4010 Hilden

»Besinnung«
– Redaktion –
3530 Warburg

Bunte Tierwelt
Redaktion
Hortus-Verlag
Postfach 200550
5300 Bonn 2

Gemeinsame Zeitung +
»Christ im Alter«
Redaktion
Bernhard-Letterhaus-Straße 26
5000 Köln 1

Clipper-Magazin
Redaktion
Postfach 900 127
6000 Frankfurt/Main 90

Der deutsche Eisenbahner
Redaktion
Postfach 174098
6000 Frankfurt/Main

Gemeinschaftsredaktion
Unterhaltung
Der Dom / Petrusblatt
Kirchenbote d. Bistums Osnabrück
Liboriusstraße 1–3
4790 Paderborn

Der Sonntag / Bonifatiusbote +
Glaube und Leben
Redaktion
Liebfrauenplatz 10
6500 Mainz

Die christliche Familie
Redaktion
Ruhrtalstraße 52–60
4300 Essen

Deutsche Tagespost – DAS
Redaktion
Abholfach
8700 Würzburg 2

Hanseatische Public Relations
GmbH
Redaktion Eduscho Kurier
Postfach 105005
2800 Bremen 1

Einigkeit
Redaktion Unterhaltung
Gertrudenstr. 9
2000 Hamburg 1

Schriftleitung Erdkreis
Echter Würzburg
Postfach 55 60
8700 Würzburg 1

Evangelisches
Gemeindeblatt f. Württemberg
Redaktion
Pressehaus Theodor-Heuss-Str. 23
7000 Stuttgart

Evangelisches Monatsblatt
Verlag Kirche und Mann
Redaktion
Schlesingergasse 22–24
6000 Frankfurt 1

Evangelischer Presseverband
Redaktion
Blumenstraße 7
7500 Karlsruhe

Evangelische Zeitung
Redaktion Unterhaltung
Knochenhauerstraße 38/40
3000 Hannover 1

Einheit
Redaktion
Clemensstr. 17–19
4630 Bochum 1

»ethos«
Redaktion
Postfach
CH-9442 Berneck

Zentralredaktion
»familie heute /
Magazin der Hausfrau«
Eintrachtstr. 110–118
5000 Köln 1

Ferment / Das Zeichen
Redaktion
Postfach 1162
6250 Limburg/Lahn 1

Der fortschrittliche Landwirt
Redaktion
Postfach 438
A-8011 Graz

Frau und Freizeit
Redaktion
Walfischgasse 11
A-1010 Wien

Flohkiste
Redaktion
Domino-Verlag
Postfach 147
8000 München 19

Frau und Mutter
Redaktion
Prinz-Georg-Str. 44
4000 Düsseldorf

Frau im Leben
Zenit
Redaktion
Grottenau 6
8900 Augsburg

Granatapfel
Redaktion
Große Mohrengasse 9
A-1020 Wien II

St. Heinrichsblatt
Kirchenzeitung f.d. Erzbistum
Bamberg
Redaktion Unterhaltung
Laubanger 23
8600 Bamberg

Illustrierte Romanzeitung
Kaiserstraße 8/10
A-1072 Wien

Junge Zeit
Redaktion
Postfach 10 25 43
8900 Augsburg 1

Journal für Muße und Genesung
Redaktion
Am Schwarzenberg 28
8700 Würzburg

Katholisches Sonntagsblatt
Redaktion
Postfach 4280
7302 Ostfildern 1

Kirche und Leben (Redaktion)
Postfach 4320
4400 Münster

Kirchenzeitung (Redaktion)
Hafnerberg 2
8900 Augsburg

Kirchenzeitung f. d. Bistum
Eichstätt
Redaktion
Postfach 60
8833 Eichstätt

Kirchenzeitung
für das Erzbistum Köln
Postfach 1068
5000 Köln 1

Kirche bunt
St. Pöltner Kirchenzeitung
Redaktion
Postfach 66
A-3100 St. Pölten

Kirche und Welt
Redaktion
Stauffacherstr. 54
CH-8804 Zürich

Kassler Sonntagsblatt
Redaktion
Postfach 160
3500 Kassel-Wilhelmshöhe

Konradsblatt
Redaktion
Postfach 21 01 66
7500 Karlsruhe 21

Leben und Erziehen
Redaktion Unterhaltung
Postfach 1426
5100 Aachen

Leben und Glauben
Redaktion
Schläflistr. 2
CH-2000 Bern 25

Landwirtschaftliches
Wochenblatt Westfalen-Lippe
Schorlemerstraße 11
4400 Münster

Liboriusblatt
Redaktion
Haus Kentrop
4700 Hamm

Maria vom guten Rat
Redaktion
Grabenweg 2
8700 Würzburg

Meyers Modeblatt
Redaktion
Klausstr. 33
CH-8008 Zürich

Redaktion »Monika«
Terhallestr. 22
8000 München 90

Hotel Mosaik International/
Schöne Welt
Süddeutscher Verlag GmbH
Sendlinger Straße 80
8000 München 2

»Mücke«
Redaktion
Postfach 5720
6200 Wiesbaden

Neue Illustrierte Wochenschau
Redaktion Unterhaltung
Kaiserstr. 8
A-1072 Wien

Neue Stafette
Redaktion
Äußerer Laufer Platz 22
8500 Nürnberg 1

Das Ostpreußenblatt
Redaktion
Postfach 8047
2000 Hamburg 13

Passauer Bistumsblatt
Redaktion
Domplatz 3
8390 Passau

Paulinus
Trierer Bistumsblatt
Redaktion
Fleischstr. 61
5500 Trier

Der Pilger
Speyerer Bistumsblatt
Redaktion
Postfach 162
6720 Speyer

Pharmathek Verlags-GmbH
Redaktion Unterhaltung
Am Grundweg 22
6104 Seeheim-Jugenheim 1

Rheinische Bauernzeitung
Redaktion Unterhaltung und
Frauenseite
Postfach 204
5400 Koblenz

Ruhrwort
Redaktion
Postfach 101055
4300 Essen

Das gelbe Heft
Schweizer Woche
Redaktion
Dufourstraße 23
CH-8008 Zürich

Senior
Redaktion
Postfach 979
7000 Stuttgart 1

»Sonntag«
Redaktion
Amtshausquai 21
CH-4600 Olten

Sonntagsblatt
Evangelische Wochenzeitung
für Bayern
Birkerstraße 22
8000 München 22

»Samstag«
Redaktion Kurzgeschichte
Postfach 327
A-1081 Wien

Stadt Gottes
Redaktion
Postfach 2460
4054 Nettetal 2

Schweizer Familie
Redaktion
Postfach
CH-8036 Zürich

Unsere Kirche/Der Weg
Sonntagsgruß
– Stammteil-Redaktion –
Postfach 130380
4800 Bielefeld 14

Weite Welt
Redaktion
Postfach 2460
4054 Nettetal 2

Wort und Weg
Redaktion
Motorstraße 36
7000 Suttgart 31

Redaktion
»Zur stillen Stunde«
Postfach 1343
4830 Gütersloh

Nützliche Kurznotizen zur 3. Lektion

Versenden Sie nur *einwandfreie Manuskripte*. Ein Manuskript, dem man ansieht, daß es schon etliche Reisen hinter sich hat, ist keine Empfehlung für unseren Schriftstellereibetrieb.

Die *Prüf- und Wartezeiten* bis zur Annahme oder Ablehnung eines Textes sind nicht fest zu fixieren. Manche Redakteure schicken ganz schnell zurück oder drucken binnen kürzester Zeit. Sie sind die Ausnahme. Das Gros hält es mit den hohen Manuskriptstapeln und der Schneckenpost. Da hilft nur eines: Geduld, unendlich viel Geduld!

Verzweifeln Sie nicht, wenn Sie von einer Redaktion auch nach der fünfundzwanzigsten Aussendung keine Reaktion registrieren können. Das ist durchaus keine Seltenheit. Bleiben Sie unverzagt am Ball! Ich erinnere mich, einer großen Tageszeitung im Nordosten der Bundesrepublik zehn Jahre lang regelmäßig meine Manuskripte geschickt zu haben. Keine Rücksendung, keine Annahme. Nichts! Dann kam plötzlich und unvermutet der erste Abdruck. Jetzt ist dieses Blatt ein guter Kunde. Vielleicht ist der Redakteur versetzt worden oder er ist in Pension gegangen.

Natürlich überlege ich mir in so einem Fall, ob ich das Spiel nicht verlorengeben soll. Aber am Ende entscheide ich mich noch jedesmal fürs Durchhalten. Die Erfahrung hat mich gelehrt, daß das der einzig richtige Weg ist.

Die berechtigte Frage: Mit welcher *Erfolgsquote* darf ich bei meinen Aussendungen rechnen, kann ich nur aus der eigenen Praxis beantworten. Allgemein Verbindliches wüßte ich nicht anzubieten. Durch viele Jahre habe ich Aufzeichnungen gemacht und bin schließlich zu dem Ergebnis gekommen: Ein gut organisierter Schriftstellereibetrieb kann im Regelfall bei vier Aussendungen einen Treffer, also einen Abdruck erzielen.

Die schreiberische Qualität unserer Texte ist nur *ein* Kriterium, wenn es gilt, Erfolgsaussichten zu beurteilen. Wir müssen auch vom *Inhalt* her die Erwartungen der Leser des betreffenden Presseorgans erfüllen. Möglichst gezielt sogar. Daß sich daneben, und beileibe nicht zuletzt, die Textmasse unseres Manuskripts mit den Vorstellungen und Möglichkeiten der Redaktion decken sollten, haben wir bereits besprochen.

Adressieren Sie präzise! Also nicht *Redaktion Hannoversche Allgemeine Zeitung,* sondern *Hannoversche Allgemeine Zeitung, Redaktion Wochenbeilage »Der siebente Tag«.*

Kennen Sie den Namen des zuständigen Redakteurs, dann schreiben Sie ihn meinetwegen dazu. Bei dem häufigen Wechsel auf den Redaktionsstühlen ist das allerdings eine nicht ganz unkomplizierte Sache.

Und noch etwas anderes: Vielleicht ist *Ihr* Mann, wenn Ihr Manuskript einläuft, gerade verreist oder zu einer Badekur gefahren. Dann bleibt Ihre Sendung – wahrscheinlich – wochenlang ungelesen liegen.

Bei den *Begleitbriefen* zu Ihren Aussendungen vergessen Sie in der Anrede die *Damen* nicht. Die Redakteurinnen einer Wochenzeitung ließen mich einmal durch ihre Sprecherin wissen: ». . . Sie schreiben immer *Sehr geehrte Herren,* dabei haben wir uns schon vor Jahren des letzten männlichen Mitarbeiters entledigt . . .«

Es sind immer wieder die scheinbar nebensächlichen Kleinigkeiten, die in unserem Geschäft über Erfolg oder Mißerfolg entscheiden.

Zu bestimmten Gelegenheiten stauen sich die Manuskripte in den Redaktionen zu Bergen. Das gilt vor allem zu Weihnachten, Ostern und am Beginn der Reise- und Ferienzeit. Da muß schon die Glücksgöttin ihre Hand im Spiel haben, wenn wir zum Zug kommen wollen.

Wichtig ist auch, den *richtigen Termin* für die Aussendungen zu treffen. Die Maikäfergeschichte im Juni ausgesandt, ist ein Flop. Weihnachtserzählungen im November verschickt, sind Makulatur. Viel zu kurz bis zum Erscheinungstermin. Tageszeitungen sind in ihren Termindispositionen erfahrungsgemäß relativ beweglich. Bei Wochen- und Monatsblättern ist der unterhaltende Teil oft schon viele Monate vor dem Erscheinungstermin fest verplant. Ich arbeite mit dem Redakteur einer angesehen Jugendzeitschrift gut zusammen. Die Jahresschlußnummer hat dieser Schriftleiter schon im Juni fast fix und fertig.

Absagen und Manuskriptretouren gehören zum Alltag jedes Schriftstellers. Hartgesottene Routiniers stecken sie als eine Unvermeidlichkeit des Gewerbes ohne Gemütsbewegung weg. Freilich, auch sie werden unruhig, wenn vier Wochen lang nichts als stereotype Absagebriefe ins Haus flattern.

Apropos Absagebriefe! Da hat sich im Lauf der Zeit so etwas wie ein DIN-A-utorenkonzept eingebürgert. Bundesweit! ». . . wir haben Ihre Einsendung mit dem allergrößten Interesse gelesen. Leider müssen wir Ihnen das Manuskript zurücksenden, da wir auf Monate hinaus mit Material bestens versorgt sind und außerdem über einen Stamm fester und bewährter Mitarbeiter verfügen. Sehen Sie in unserer Ablehnung bitte keine Kritik an Ihrem Text. Seine literarische Qualität steht für uns außer Frage . . .«

So oder annähernd gleich lauten die gedruckten, abgezogenen oder neuerdings auf Schreibautomaten herunter geratterten Begleitbriefe. Sie sind, vor allem, wenn gleich drei an einem Tag ankommen, ernüchternd, enervierend – und entmutigend.

Manchmal packt uns der Zorn. Hätte der Redaktionsmensch nicht ein paar persönliche Zeilen schreiben oder uns einen Tip geben können, welche andere Publikation vielleicht Verwendung für unsere Geschichten hat? Wie dankbar wären wir für einen Hinweis, wann er endlich seinen Manuskriptstapel abgebaut hat und für neue Texte wieder aufnahmefähig ist. Einmal schrieb mir eine nette Redaktionsdame – ich war damals schon an die 20 Jahre im Geschäft – einen langen Schreibebrief, in dem sie sich über die Minichancen eines Anfängers ausführlich ausließ. Sie hatte jede Menge gutgemeinter Ratschläge für mich. Nur, was sollte ich alter Hase mit dem Wisch? Später bin ich dahintergekommen, daß die beflissene Kollegin von der anderen Seite des Schreibtisches diesen »besonderen« Brief im Auftrag des Verlages hergestellt hatte. Er wurde in Massen vervielfältigt und über einen langen Zeitraum allen Rücksendungen, an wen auch immer sie gingen, beigelegt.

Andere schicken zurück ohne eine Zeile. Sind sie Stumme? Oder Beleidiger?

Seien wir realistisch und tolerant, und lassen wir den Redakteuren Gerechtigkeit werden. Sie sind in einer blödsinnigen Situation. Jeden Tag ein Stapel Einsendungen und in der ganzen Woche gerade eine Viertelseite Platz im Blatt für Kurzprosa! Wollten sie alle Angebote Stück für Stück mit einem eigens diktierten Brief beantworten, sie kämen zu keiner anderen Arbeit mehr, und der Verlag würde ihnen den Stuhl vor die Türe setzen.

Der Formbrief ist eine Notlösung, oder besser die Notbremse, gegen die Manuskriptflut. Sicherlich eine unbefriedigende Lösung. Aber nicht nur für uns, sondern auch für die Redakteure. Diese wissen recht gut um die Mißhelligkeit, und mehr als einer hat mir gegenüber schon eine zwiespältige Situation beklagt, die ihn nötigt, selbst beste Texte im Routineverfahren abzuschmettern. »Wie können wir das besser, menschlicher und der Sache angemessener machen?« hat man mich gefragt. Ich wußte auch keine Antwort.

Ihnen, verehrte Leserinnen und Leser, gebe ich den Rat: Lassen Sie sich nicht verrückt machen, verscheuchen Sie den Katzenjammer, und werfen Sie den Absagebrief, nachdem der Vorgang auf den Karteikarten verbucht wurde, ohne Gemütsbewegung in den Papierkorb. Es besteht kein Grund zu Ärger, Wut oder ein Anlaß, Haßgefühle zu kultivieren. Hören Sie sich um, auch andere Gewerbe haben ihre Macken. Denken Sie lieber: ». . . morgen liegen drei Annahmen im Briefkasten . . .«, hören Sie ein Stück Musik, gehen

Sie eine Stunde spazieren, oder trinken Sie ein Glas Wein, wenn Sie die depressive Tour in den Fängen hält und Sie vergessen läßt, daß draußen die Sonne scheint. Lassen Sie sich von jemand, der Sie lieb hat, trösten, spielen Sie mit Ihren Kindern, Ihrer Katze, oder gehen Sie auf den Wochenmarkt. Lenken Sie sich ab, machen Sie Atemübungen, oder trainieren Sie meinetwegen autogen. Nur nicht Trübsal blasen. Das zahlt sich nicht aus!

Sammeln Sie dagegen morgens, bevor Sie Ihre Post aufmachen, positive Gedanken, pfeifen Sie sich eins. Oder freuen Sie sich über einen Dreck. Seien Sie heiter, und besinnen Sie sich auf eine unserer Grundtugenden: den Willen, durchzustehen!

Machen Sie keine Geschichten, sondern schreiben Sie welche!

Unsere *Kundenadressen* sind ein Kapital, ein Schatz, den es nicht nur zu hegen, sondern den es auch zu pflegen gilt. Wir prüfen deshalb ständig die Vollständigkeit und Richtigkeit der Adressen und tragen jede uns bekanntgewordene Veränderung augenblicklich auf der Kundenkarte ein. Darüber hinaus sind wir ständig auf der Suche nach neuen Kunden. Zeitungen und Zeitschriften verschwinden ja nicht nur aus der Medienlandschaft, es werden auch neue geboren.

Beziehen wir unsere Adressen aus Uralt-Nachschlagewerken, werden unsere Unterlagen zu Adressenfriedhöfen. Die Anschaffung eines STAMM alle zwei bis drei Jahre ist sozusagen eine Pflichtinvestition (s. Seite 178).

Suchen Sie die Rubriken dieses informativen Werkes ab, und lassen Sie sich von Publikationen, von denen Sie glauben, daß Sie an Ihren Texten interessiert sein könnten, Ansichtsexemplare schikken. Das ist Bescheidwissen zum Beinahe-Null-Tarif.

Ich habe im Laufe der Zeit Tausende Zeitungen und Zeitschriften immer und immer wieder geprüft, aber ich bin sicher, es gibt noch dieses oder jenes Presseorgan, das mein Kunde sein könnte, wenn ich nur von seiner Existenz wüßte. Kurzgeschichtenmacher müssen wie Spürhunde sein: Wachsam und unermüdlich.

Unsere Geschichten verkaufen wir an jeden, der sie zu drucken bereit ist. Gelegentlich erlebe ich es, daß Kollegen die Nase rümpfen: ». . . für die oder jene Zeitschrift kann man doch nicht schreiben, das ist unter Niveau . . .« Nun, eine gute Story wird nicht deshalb schlechter, weil sie beispielsweise in der ›*Bäckerblume*‹ publiziert wurde. Gewiß, eine Veröffentlichung in einer Literaturzeitschrift von Gewicht ist eine wunderbare Sache. Sie hebt unser Selbstbewußtsein kolossal! Aber unseren Schriftstellereibetrieb mit solchen Gelegenheitstreffern in Gang halten zu wollen, wäre eine Illusion. Seien wir also nicht prüde und übertrieben wählerisch, und lassen wir unsere Ambitionen zu Hause, wenn wir Geld machen wollen. Nebenbei: ›*Bäckerblume*‹ hat auch schon Beiträge von mir veröffentlicht. Mein Selbstwertgefühl hat darunter nicht gelitten. Nicht die Bohne.

Ich weiß, so mancher Arrivierter – oder wer immer sich dafür hält – schaut von seinem Parnaß hochmütig auf uns von der Zunft der Kleintextemacher herunter: »Was ist das schon, Kurzgeschichten schreiben?« Wenn Ihnen so einer krummkommt, dann halten Sie ihm ein Wort von William Faulkner entgegen:

»Jeder Romancier träumt anfangs davon, Verse zu schreiben, merkt aber bald, daß er's nicht kann, und versucht sich daraufhin an der Kurzgeschichte, dem anspruchvollsten Genre nach der Lyrik. Wenn er auch darin versagt, dann erst läßt er sich mit dem Roman ein.«

Der Verkehr mit *Redakteuren* ist nicht immer unproblematisch. Da sie keine Halbgötter sind, haben sie ihre Eigenarten und Sonderbarkeiten, ihre Exzentritäten und Launen. Oft sind sie überarbeitet und deshalb nervös und gereizt und auch schon einmal grob, verletzend, arrogant oder ungerecht. Kommen wir im falschen Augenblick auf sie zu, geben sie uns womöglich keine Audienz, oder sie machen unsere Texte herunter. Da kann es passieren, daß Sie im Laufe eines Gespräches merken: ». . . der hat meine Stories ja gar nicht gelesen.«

Viele von ihnen sind selbst Autoren und beherrschen das Geschäft – jedenfalls ihrer Meinung nach – sowieso besser als jeder andere, und manche haben granitene Vorstellungen, wie eine gute Geschichte gestrickt sein muß! Ich kenne eine Redakteurin, die nimmt keinen Kurzkrimi ohne Leiche an. Auch wenn die Geschichte noch so gut auf die elegante englische Art gewebt sein sollte. Eine andere belehrte mich kategorisch: »Ein Krimi, an dessen Ende der Täter nicht von der Polizei festgenommen wird, ist die Druckerschwärze nicht wert.« Solche Standpunkte müssen – mögen sie nun falsch oder richtig sein – als gegeben und unwandelbar hingenommen werden. Wir wollen ja verkaufen, und so liefern wir in Gottes Namen der Dame die Leiche und lassen den Übeltäter am Schluß in einer Arrestzelle landen.

Die künstlerische Freiheit hat nun einmal ihre Tücken.

Es gilt, *Wünsche und Vorstellungen* der Redakteure zu kennen und zu respektieren. Das gehört zu unserem Geschäft. Selbstverständlich spielen im Verkehr mit den Redakteuren auch immer einmal persönliche Sympathien oder Animositäten eine Rolle. Manche mögen uns von Anfang an und schenken uns ihr Wohlwollen, anderen gefällt vielleicht unsere Nase oder unsere Unterschrift nicht, also lassen sie uns links liegen. Üben wir Nachsicht, haben wir Geduld, und zeigen wir, daß wir von lederner Zähigkeit sind. Mit der Zeit gelingt es uns vielleicht, den anderen doch noch von der Qualität unserer Arbeiten zu überzeugen und ihn zu einem interessanten Partner zu machen.

Eine unfehlbare Methode, Redakteure zu verärgern, sie gegen uns einzunehmen, ist, ihnen die *falschen Texte* zu schicken oder den Versuch zu unternehmen, sie als Lektoren und Korrektoren zu mißbrauchen.

Mit der *Mitleidstour* lassen sich auf die Dauer keine Geschäfte machen. Ich kannte einen »Kollegen«, der kreuzte mit Kind und Kegel in Illustrierten-Redaktionen auf und erzählte jedem, der ihm zuzuhören bereit war, steinerweichende Geschichten von bedrückenden Umständen, Bedürftigkeit und was weiß ich noch für Kalamitäten. Und er bat, die Verzweiflungsträne im Auge, seine Manuskripte doch wenigstens einmal, nur ein einziges Mal zu drucken. Tatsächlich fand er auch hie und da eine mitleidige Redakteurseele, die das Geschrei seiner Bambini mehr überzeugte als seine Texte. Doch die Buschtrommeln, mit denen sich Redakteure, auch konkurrierender Publikationen, gelegentlich verständigen, arbeiteten zuverlässig, und am Ende gab es für den Schnorrer Hausverbote.

Ein *Redakteurwechsel* kann unser Verhältnis zu einer Publikation auf einen Schlag ändern. Bringt der »Neue« seine eigenen Beziehungen – sprich Autoren – mit, dann führt so ein Wechsel unter Umständen zum Verlust einer langjährigen guten Geschäftsverbindung. Umgekehrt ist mit einem Redakteurwechsel aber auch die Chance für eine neue, fruchtbare und einbringliche Zusammenarbeit verbunden. Wir sollten deshalb auf vielen Öfen kochen und einsehen, daß auch die fruchtbarste und scheinbar festgefügteste Bindung an einen Verlag nicht auf Lebensdauer geschlossen wird. Mit einer solchen Prämisse im Hinterkopf dürfte ein Redaktionswechsel keine Tragödie bedeuten.

Ich habe über zehn Jahre lang regelmäßig Monat für Monat für die Redaktion eines Herrenjournals große Beiträge geschrieben. Eine lohnende, eine glänzende Verbindung. Über Nacht stellte die Verlagsleitung das Projekt ein und brachte damit das Licht zum Erlöschen. Zum Glück stand ich nicht nur auf diesem einen Ertragsbein, und so konnte ich den Verlust – wenn auch nicht von heute auf morgen – schließlich egalisieren. Fazit: Setzen wir nur auf eine allereinzige Karte, laufen wir Gefahr, alles zu verlieren, wenn diese Karte nicht sticht.

Hochrain-Methode
4. Lektion

Ab geht die Post
Der Aussendung letzter Akt

Unsere zur Aussendung kommenden Manuskripte sind Leichtgewichte gegenüber jenen umfangreicher epischer Werke. Das erleichtert das Versandgeschäft.

Statt aufwendiger Verpackung brauchen wir nur Briefumschläge oder Versandtaschen. Mehr bedarf es nicht.

Nicht zu empfehlen sind DIN-C6-Kuverts (114 x 162 mm). In ihnen kämen unsere Manuskripte mit unschönen Falzknicken unansehnlich auf die Redaktionstische.

Ich verwende für die normale Versendung Umschläge DIN lang (110 x 220 mm) und lege die Manuskripte so zusammen, daß die Textseite nach außen kommt. Da fällt das Geschriebene beim Herausnehmen gleich ins Auge.

Gehen mehrere Arbeiten an eine Adresse, verwende ich auch schon einmal Klarsichthüllen im Format ca. 22 x 31 cm. Das kostet nicht extra viel und gibt etwas her.

Meine Versandumschläge habe ich früher mit einem Absenderstempel auf den Weg gebracht. Heute verwende ich bedruckte Briefkuverts. Das eine hat mir nicht geschadet, das zweite – vermute ich – nichts Wesentliches zugebracht.

Ob es ein Vorteil ist, den Aussendungen ein Begleitschreiben beizulegen? Genügt nicht ein Visitenkärtchen oder ein vervielfältigter Wald- und Wiesentext?

Ich praktiziere seit 30 Jahren die schwierigere Lösung, das heißt, ich füge jeder meiner Aussendungen ein paar Zeilen, ein kleines Anschreiben also, bei. Im Laufe der Zeit habe ich dafür unzählige Begeleittexte erdacht (s. Muster nächste Seite). Wenn mir einmal gar nichts einfallen wollte, habe ich auch alte Vorlagen aufpoliert.

Begleitbriefe, wie ich sie meinen Aussendungen beilege

Sehr verehrte Damen, sehr geehrte Herren...

...es wäre sicher falsch anzunehmen, der Alltag eines freien Autors bestünde ausschließlich aus einer endlosen Kette von Widrigkeiten. Manchmal lebe ich sogar besser als der bayerische Ministerpräsident: In meinem Arbeitszimmer steht nämlich ein Sofa.
Nun, ein solches hat F.J.S. selbstverständlich auch. Mit Sicherheit sogar ein sehr viel schöneres. Aber darf er sich auch vormittags um 11 Uhr der Länge nach drauflegen und seine Zeitung lesen? Und das ohne Rock und Krawatte?
Nicht eben selten sind es gerade die kleinen Dinge, die einen so recht von Herzen zufriedenmachen können.
Ich hoffe, mein heutiger Vorschlag gefällt Ihnen.

...heutzutage bekommt der Autor schon beinahe so etwas wie Schuldgefühle, wenn er den Redaktionen einen Text anbietet, der mehr als zweieinhalb Schreibmaschinenseiten lang ist.
Daß ich es trotzdem immer wieder einmal wage, liegt daran, daß man mich gelegentlich auch ermuntert, solche Arbeiten vorzulegen.
Ich hoffe, „Die Lüftlmadonna“ gefällt Ihnen.

...wie ein Zerberus wache ich darüber, daß der von Ihnen erwartete »Verbreitungsschutz« gegenüber konkurrierenden Blättern gewährleistet ist.
Mein penibel gewissenhafter Ms.-Versand ist ein Service, auf den Sie sich verlassen können. Der heutige HOCHRAIN gefällt Ihnen hoffentlich.

...Kollegen fragen mich gelegentlich, ob ich es noch für opportun hielte, Manuskriptversendungen von ein paar persönlichen Zeilen begleitet hinausgehen zu lassen.
Nun, zeitgemäß ist es sicher nicht mehr, aber ich bin nun mal unverbesserlich inopportun, und so werde ich auch weiterhin Briefe schreiben, wo es »zweckdienlicher« wäre, den Fotokopierer zu beschäftigen.
Ich hoffe, mein heutiger Vorschlag gefällt Ihnen.

Ob sich der Aufwand rentiert hat? Ich weiß es nicht, weil ich keine Vorstellung habe, wie es mir »ohne« ergangen wäre. Reaktionen gab es jedenfalls nur sehr wenige. Fast überhaupt keine.

Warum ich dann diese Extras nicht habe sein lassen?

Nun, ich wäre mir vorgekommen wie einer, der eine fremde Wohnung oder ein Büro betritt, ohne den Hut abzunehmen und den Anwesenden einen guten Tag zu wünschen.

Wenn Begleitschreiben, dann bitte kurze, damit sich der Luxus in Grenzen hält.

Porto für Rückgabe der Manuskripte habe ich meinen Versendungen nie beigelegt und tue es auch heute nicht. Gott möge mich schützen!

Früher habe ich deshalb manchmal verärgerte Briefe von Redakteuren bekommen. So, als hänge der Fortbestand eines Großverlages von einer Briefmarke ab. Heute schreibt deshalb kein Mensch mehr.

Dafür kommen die nicht angenommenen Manuskripte auch nur noch selten zurück. Sie landen – vermute ich – in Redaktionspapierkörben. Wo sonst? Mir macht es nichts aus, denn mein Kopierer ist äußerst leistungsfähig.

Es gibt allerdings eine allgemein anerkannte Regelung, daß Manuskripte zu retournieren sind, wenn Rückporto beiliegt. Aber was ist, wenn es die Redaktion trotzdem nicht tut? Sich deshalb mit ihr anlegen? Seien wir Pragmatiker und vergessen wir's. Außerdem was sollen wir mit einem wiedergewonnen Manuskript schon anfangen, wenn der Rand der Kakaotasse des Herrn Schriftleiters darauf abgedrückt ist?

Ich habe lange gezögert, den nächsten Satz hinzuschreiben, weil ich Sie, verehrte Leserin und Leser, nicht verunsichern will. Aber warum sollen Sie es nicht wissen: ich vernichte alle Manuskripte, die zurückkommen. Ich sage Ihnen auch weshalb: Meine Manuskripte sollen nicht den Eindruck erwecken, sie seien schon über ein halbes Dutzend Redaktionstische gegangen. Der Redakteur oder die Redakteurin, denen ich solches zu vermuten Anlaß gebe, wird sich möglicherweise fragen, warum um alles in der Welt seine Kollegen das geniale Werk nicht gedruckt haben.

Und noch etwas: In den Redaktionen besteht da und dort die Angewohnheit, beim Lesen Randnotizen und kleine Anmerkungen in ein Manuskript zu kritzeln. Ich habe es am Anfang, in jener Remington-Kohlepapier-Durchschlagszeit, von der ich schon an anderer Stelle berichtete, erfahren und habe mir Gedanken hierüber gemacht. Stellen Sie sich vor, Sie übersehen so etwas und schicken die Papiere neuerdings aus und hinten, am Schluß der letzten Seite, hat der vorherige Empfänger »Bockmist« oder etwas ähnlich Unfreundliches gemalt!

Wenn wir schon bei meiner unguten Frühzeit sind: Weil ich immer knapp bei Kasse war, kaufte ich seinerzeit von Fall zu Fall immer gerade so viel Briefmarken, als für den täglichen Versand notwendig waren. Ich hatte da freilich auch einen Grundsatz: Erst die Briefmarken, dann der Tabak für die Pfeife!

Heute erwerbe ich am Erscheinungstag immer so viel Sondermarken, daß sie bis zur Herausgabe einer neuen Serie ausreichen. Ob ich damit im Ansehen der Redaktionen steige? Schwer zu sagen. Manchmal – wenn ich telefoniere – bekomme ich von einer Sekretärin ein freundliches Dankeschön zu hören. Selten zwar, aber immerhin.

Apropos Briefmarken und Porto. Ich kenne Kollegen, die ihre Manuskripte als *Drucksache* verschicken. Ob sie deshalb weniger verkaufen als ich, ist mir nicht bekannt. Aber ich mache das nicht, und ich habe es nicht mal in der schlimmen Zeit gemacht, als mich der Dalles im Schwitzkasten hielt.

Meine Manuskripte sind Wertstücke und keine Drucksachen, und von daher gesehen müßten sie eigentlich als Wertbriefe mit Rückantwortschein expediert werden.

Verlage sitzen auf ihrem Geld. Sehr sogar. Sie werden mir recht geben, wenn Sie an Ihre Honorarabrechnungen denken.

Deshalb gefriert auch der letzte Rest von Sympathie für einen Autor zu Eis, wenn ihnen seine Sendungen mit Nachporto präsentiert werden. Für die Anschaffung einer Briefwaage werden wir also unseren Tresor wohl oder übel öffnen müssen. Es gibt deren elektronische, die Spitze sind. Die Aufwendungen für so einen stummen Helfer halten sich in Grenzen. Dafür wissen Sie immer aufs Gramm genau, wie Sie dran sind.

Postfertige Aussendungen bringe ich sofort zum Briefkasten. Manchmal noch in der Nacht. Ein fertig frankierter Brief mit Manuskripten, der sich auf der Flurgarderobe langweilt, ist in meinen Augen das unnützlichste Ding, das ich mir vorstellen kann. Und woher wollen Sie wissen, ob der Reakteur morgen früh nicht gerade in dem Augenblick händeringend einen Text wie den Ihren sucht, wenn Ihr Brief auf seinem Schreibtisch landet?

Wieviel Aussendungen Sie machen sollen?

Das kommt auf Ihre Kundschaft an.

Wenn Sie die große Publikumspresse, also Illustrierte, millionenauflagenschwere Frauenzeitschriften, die sogenannte Yellow-Press und ähnliche Blätter bedienen, werden Sie wahrscheinlich mit zehn oder zwanzig Versendungen im Monat auskommen. Gut sogar. Suchen Sie Ihre Kunden aber bei der Tagespresse oder Wochenzeitungen und -zeitschriften, dann können es erheblich mehr werden.

Wenn's ums Geld geht

Das Kreuz mit den Honoraren
Von der Zahlungsmoral
der Verlage

Ginge es in diesem Kapitel einzig und allein darum, zu beurteilen, wie Zeitungs- und Zeitschriftenverlage es mit der Abrechnung und Ausbezahlung der Autorenhonorare halten, genügte ein Kurzsatz zur Klärung der Situation: Die Verlage zahlen zuverlässig und pünktlich.

In mehr als 30 Jahren Praxis bot sich mir niemals Grund für eine Reklamation, geschweige denn zu einer Klage. No problem!

Die Honorarzahlung erfolgt entweder unmittelbar nach Erscheinen eines Textes oder in dem der Veröffentlichung folgenden Monat. Das läuft reibungslos.

Glatt funktionieren kann der Zahlungsverkehr freilich nur, wenn dem Verlag unsere genaue Adresse und das Postgiro- oder Bankkonto bekannt sind. Ich schreibe beides ganz oben auf die erste Manuskriptseite (s. Seite 33).

Haben Sie öfter mit ein und demselben Verlag zu tun, wird Ihnen alsbald eine *Autorennummer* zugeteilt. Diese Nummer muß auf allen unseren Aussendungen und Postsachen aufscheinen. Immer wieder. Ohne sie ist die Verlagsbuchhalterei nämlich so aktionsfähig wie ein Blinder im Nebel.

Die Mahnung, in diesem Punkt nichts auszulassen, kommt nicht von ungefähr. Sollen es doch – einem Branchen-Ondit zufolge – verärgerte Buchhalter schon zuwege gebracht haben, daß der Gechäftsverkehr mit nachlässigen Autoren abgebrochen wurde.

Alle Honorareingänge werden *sofort* in die Kundenkartei eingetragen. Nur wenn Sie dieses Geschäft mit Akribie erledigen, können Sie eine zuverlässige Kontrolle über Ihre Außenstände ausüben.

Vorschüsse oder Abschlagszahlungen werden an uns, die wir mit Kurztexten handeln, nicht gezahlt.

Nimmt der Verlag einen Text *verbindlich* zum Abdruck an und wird dieser hinterher – aus welchen Gründen auch immer – doch nicht gedruckt, ist ein *Abstands- oder Ausfallhonorar* fällig. Es soll 50 % des Abdruckhonorars betragen. Leider ist diese gute und faire Regelung bei vielen Verlagen in Vergessenheit geraten. Man nimmt an, druckt nicht und zahlt nicht.

In solchen Fällen mahne ich, nach einer angemessenen Frist, ein Ausfallhonorar an. Mit unterschiedlichem Erfolg, wie zu berichten wäre. Am Ende bin ich aber meistens zu Geld gekommen.

Grundlage für die Honorarabrechnung ist in der Regel die *Druckzeile*. Da die Spaltenbreiten der verschiedenen Publikationen aber unterschiedlich sind, kann eine Druckzeile einmal 20 Anschläge bedeuten, das andere Mal sind es deren 40. Der Umstand muß bei der Honorierung berücksichtigt werden.

Druckzeilen mal Zeilenhonorar ergibt das endgültige Honorar.

Wer der Mehrwertsteuer-Regelbesteuerung unterliegt, meldet es dem Verlag. Die Mehrwertsteuer wird dem Endbetrag der Honorarabrechnung dann zugeschlagen und extra ausgewiesen.

Sie haben Recht, wenn Sie sagen: Honorarabrechnungen in dieser Form sind unbefriedigend, paradox und autorenfeindlich. Anstatt Inhalt, literarischem Wert und erzählerischer Güte gerecht zu werden, pauschaliert man. Doch über diese Absonderlichkeit zu diskutieren ist müßig. Die Verleger haben stets und immer wieder dargelegt, daß es zum obligaten Zeilenhonorar keine praktizierbare Alternative gibt. Also bleibt es dabei. Basta!

Gelegentlich wird man Ihnen für eine Arbeit ein *Fest-, Pauschal-* oder *Druckseitenhonorar* anbieten. Hier wird im Regelfall auch die Gewichtigkeit Ihres Textes gewertet, und Sie dürfen eine angemessene Entlohnung für Ihre Arbeit kassieren.

Die *Honorarfestsetzung* durch die Verlage ist so vielfältig wie der Medienmarkt. Jede Publikation hat ihre eigenen Haustarife. Die fangen bei schäbigen 15 Pfennig für die Zeile an und enden bei großzügigen acht Mark und mehr in Illustrierten.

Sollen wir uns mit miesen Zahlern herumschlagen, ihnen gegenüber auf angemessene Bezahlung und Aufbesserung bestehen?

Ich habe mir Aufmüpfigkeit längst abgeschminkt. Eher geht ein Kamel durch ein Nadelöhr, als daß sich an diesen Zuständen etwas ändert.

Beim Hörfunk gibt es keine Zeilenhonorare. Die Berechnung erfolgt vielmehr nach *Sendeminuten.* (Regel: 5 Minuten Sendezeit = ca. 2700 Anschläge.) Für gewöhnlich wird das Honorar zur Hälfte bei Annahme des Beitrages bezahlt, der Rest nach der Sendung.

Unser Alltagsverkehr mit Redaktionen und Verlagen regelt sich nach ungeschriebenen Vereinbarungen. Es gilt, was in der Branche üblich ist. Unser Gegenüber in der Redaktion geht davon aus, daß wir die Spielregeln kennen. Geredet oder geschrieben wird darüber im Normalfall nicht. Wir schließen keine Verträge ab und wechseln auch keine schriftlichen Bestätigungen aus.

Ausnahmen gibt es bei *Auftragsarbeiten.* Bestellt der Redakteur einen besonderen Beitrag, einen extra langen Riemen, eine Artikelserie oder mehrere Texte für eine ständige Kolumne, sollten Sie eine schriftliche Honorar-Vereinbarung treffen oder einen *Werkvertrag* abschließen. Ein solcher Vertrag könnte so aussehen:

Zwischen dem Autor H. H. und dem Verlag ›*Abendanzeiger*‹ wird vereinbart:

Der Autor verpflichtet sich, für die Kolumne »Kurz belichtet« 12 Glossen zu je 5000 Anschlägen zu schreiben. Ablieferungstermin für das erste Manuskript ist der 15. August 19 . . . Die weiteren Arbeiten werden im Abstand von 14 Tagen geliefert.

Als Honorar sind insgesamt DM 2 400, zahlbar in 12 Teilbeträgen jeweils bei Ablieferung des druckreifen Manuskriptes vereinbart.

Ort, Datum, Unterschriften

Sinngemäßes gilt, wenn wir Beiträge zu *Sammelbänden,* zu Anthologien liefern.

Apropos *Anthologien!* Ich schätze sie, weil sie mir Gelegenheit geben, auch einmal einen langen Text unterzubringen. Wenig Freude empfinde ich allerdings, wenn ich sehe, wie solche Sammelwerke häufig abgerechnet werden. Richtig wäre es so: Das Herausgeber- und Autorenhonorar beträgt zusammengenommen 10% vom Ladenverkaufspreis. Nehmen wir an, dieser wäre 40 Mark, dann sind das 4,– DM Gesamthonorar vom Exemplar. Die Hälfte, also DM 2,–, erhält der Herausgeber. Der Rest wird unter die am Werk beteiligten Autoren nach Maßgabe des Umfangs ihrer Beiträge verteilt.

Hat das Buch 200 Seiten, ergibt sich ein Autorenhonorar von DM 2,– geteilt durch 200, also 1 Pfennig je Seite und Exemplar. Gehen wir davon aus, unser Beitrag umfaßte 15 Seiten. Ergibt 15 Pfennig je Buchexemplar für uns. Dieser Betrag wird mit der Buchauflage multipliziert. Liegt diese bei 5000 Stück, schaut die Schlußrechnung so aus:

15 Pfennig mal 5000 Exemplare = DM 750,– anteiliges Autorenhonorar. Üblicherweise wird das Autorenhonorar bei Sammelbänden sofort nach Erscheinen ausgezahlt; bei Nachauflagen wird das Honorar erneut fällig.

Zum Thema Anthologie noch eine Anmerkung: Erteilen Sie die Genehmigung zum Abdruck Ihrer Texte nur für die erste Ausgabe und allenfalls für Nachauflagen in gleicher Form. Geben Sie die Nebenrechte nicht weg. Wollen Dritte nachdrucken, müssen sie Ihre Erlaubnis einholen. Mit so einem Vorbehalt schützen Sie sich davor, daß der Verlag Ihre Texte an Gott und die Welt verhökert.

Der *Hörfunk* schickt bei Annahme eines Textes eine Auftragsbestätigung oder bietet von sich aus einen Werkvertrag an.

Wenn wir vom Verkauf unserer Texte sprechen, können wir die Schulbücher ausklammern. Hier ist nichts zu verkaufen – und auch nichts zu verdienen. Die Schulbuchverleger verzichten auf unsere Aktivitäten und suchen sich ihre Texte aus allen möglichen Veröffentlichungen selbst zusammen. Daß ein Text von Ihnen in einem Schulbuch Aufnahme finden soll, erfahren Sie durch ein Mitteilungsformular des Verlages. Querlegen, also zum Beispiel den Abdruck untersagen, können Sie sich nicht (Urheberrechtsgesetz § 46). Honoraransprüche stellen ist nicht drin.

Dafür bekommen Sie eines Tages von der Verwertungsgesellschaft Wort eine Abrechnung, deren Höhe Sie vielleicht darüber nachzudenken veranlassen wird, warum Drucker und Herausgeber und alle übrigen Manipulanten nach Taxe und Tarif bezahlt werden und Sie, der Sie das alles in Bewegung setzen, ein Almosen für Ihre Arbeit bekommen. Wo doch ausdrücklich in Absatz 4 des besagten Urheberrechtsparagraphen bestimmt ist: Für die Vervielfältigung und Verbreitung ist dem Urheber eine *angemessene* Vergütung zu bezahlen! (Die Hervorhebung stammt von mir!) Vergessen wir also die Schulbücher.

Schriftsteller sind in geschäftlichen Belangen meistens unerfahren, sie haben dem harten Marktgeschehen oft nur Gutgläubgkeit und Vertrauensseligkeit entgegenzusetzen. Häufig verhalten sie sich bis zur Selbstschädigung falsch. »Es sind so gut wie alle Toren, reine Toren!« hat einmal ein Verleger von sich gegeben.

Zum Exempel: Wir haben ein Gespräch mit einem Redakteur und bringen ihm das Konzept für eine neue Arbeit nahe. Er springt an, ist sogar begeistert von unseren Ideen. Die Unterhaltung endet mit dem Auftrag: »Schreiben Sie das, ich bringe so eine gute Sache selbstverständlich unter.«

Wir spitzen die Griffel, legen uns ins Zeug und liefern eine wohlgeratene Arbeit ab.

Vier Wochen lang hören wir nichts, dann rufen wir den Redakteur an. Er hustet mißgelaunt in die Muschel: »Ihren Text kann ich nicht gebrauchen. Er entspricht nicht meinen Vorstellungen, überhaupt nicht.«

»Aber wir haben die Sachen doch bis ins Detail abgesprochen und abgemacht!«

»Abgemacht? Ich habe nichts Festes abgemacht! Möglich, daß ich sagte, ich würde Ihr Manuskript auf seine Verwendbarkeit prüfen. Sonst war nichts!« Und er schickt Ihnen Ihre Arbeit zurück.

Jetzt können Sie kapitulieren, den Schwanz einziehen und klein beigeben. Das wird auch – weil man seine Erfahrungen im Umgang mit freien Schreibern hat – von Ihnen erwartet. Ihrem Selbstbewußtsein zuträglicher und Ihrer Gemütslage dienlicher ist, Sie nehmen Ihren Mut zusammen und zeigen die Zähne.

Bestehen Sie also auf die Abnahme oder Bezahlung eines *Ausfallhonorars*. Monieren Sie! Und klagen Sie am Ende!

Ohne schriftliche Vereinbarungen kommen Ihre Beweismöglichkeiten zwar auf Krücken daher, aber wenn Ihnen Ihr Schutzengel beisteht, gewinnen Sie den Prozeß.

Klar, den Kunden sind Sie los. Wahrscheinlich bis zur Pensionierung dieses Musters von einem Redakteur. Doch die Lehre aus solch schlimmen Üblichkeiten wird Ihnen hinfort einigen Nutzen bringen.

Fairneß hin, Anstand und Kollegialität her – haben wir zuvor keine klaren Verhältnisse geschaffen, gibt es post festum Ärger. Also sichern wir uns *vorher* ab. Eine Aufnahme auf Tonbandgerät, eine Auftragsbestätigung unsererseits, ein kleiner Werkvertrag, und wir sind vor Unbilligkeiten, wie der geschilderten, geschützt.

Nun wäre an dieser Stelle zu sagen, daß Redakteure keine Autorenfresser und verbiesterte Negativlinge sind. Sie sind Menschen wie Sie und ich, und sie stehen unter dem Druck der Verlagsinteressen. Dazu kommt, daß in unserem Gewerbe die Dinge oft leger, salopp und aus dem Handgelenk abgewickelt werden. Ein zustimmendes Wort, ein Handschlag gilt als o.k. Meistens wenigstens.

Hüten wir uns also davor, ein Redakteur-Feindbild aufzubauen und in jede Verlagsverhandlung, in jedes Telefongespräch mit einer Redaktion mit starren Vorbehalten und womöglich sogar mit Vorurteilen zu gehen.

Statt dessen sollten wir uns hin und wieder selbst ans Portepee fassen. Der Drang nach Veröffentlichung, nach Publizierung der eigenen Texte, verführt manchen von uns dazu, vernünftige, der Sache angemessene Überlegungen daheim zu lassen und nur eines, den erhofften Abdruck, ins Visier zu nehmen. Dieser Mentalität entspringen dann auch die absonderlichsten und verrücktesten Reaktionen.

Bleiben wir also auf dem Teppich. Bitte! Flaggen wir Selbstbewußtsein, und erinnern wir uns einer unserer Grundtugenden, der Geduld. Eine gute Sache wird gedruckt. Wenn nicht heute, dann morgen oder in einem Jahr.

Lassen Sie mich meinen Ausführungen eine Marginalie nachschieben. Es geht um die Genehmigung zum *honorarfreien Abdruck.*

Vernünftigerweise dürfte das überhaupt kein ernst zu nehmendes Thema sein. Wir liefern unsere Ware. Gut, ordentlich und marktgerecht. Zu verlangen, daß wir es für Gottes Lohn tun, ist ein unzumutbares Ansinnen. Ich gehe noch weiter: Für meine Person empfinde ich solche Begehren als Unterschätzung und Abwertung meiner Leistung.

Irgendwann einmal werden sich bei Ihnen Leute melden und um einen honorarfreien Beitrag für eine Zeitschrift, eine Anthologie oder eine andere Veröffentlichung bitten. Es kann sich auch um eine Lesung oder einen Vortrag handeln. Meistens sind es gemeinnützige, wohltätige, caritative, menschheitsbeglückende, weltverbessernde, kulturbewahrende Seelen, die auf Sie zukommen.

Ich will hier keine eisenbetonharten Regeln aufstellen, ich möchte Ihrem Verlangen nach Wohltätigkeit und Ihrer Menschenfreundlichkeit keine Zwangsjacke anlegen, aber bevor Sie auf solche Angebote, oder besser Aufforderungen spontan eingehen, verlangen Sie Bedenkzeit! Informieren Sie sich, mit wem Sie es zu tun haben. Überlegen Sie, was Sie tun, überschlafen Sie die Sache.

Ich meine: Jede Arbeit ist ihres Lohnes wert. Es gibt keinen vernünftigen Grund, warum diese Regel nicht auch für Schriftsteller gelten soll. Was verschenkt wird, gratis zu haben ist, gilt in unserer Gesellschaft wenig, es hat den Hautgout von Schrott.

Schließlich und endlich: Das Problem ist nicht, ob *Sie* auf ein Honorar angewiesen sind, sondern ein anderer, der von seiner Schreibe leben muß, in der gleichen Situation nicht seinerseits zu einem Honorarverzicht gezwungen wird, weil auch Sie verzichtet haben.

Kostenkalkulation der allermeisten Bittsteller schließt Aufwendungen für Papier, Drucker, Porto und was weiß ich noch als selbstverständlichen Aufwand ein. Das alles wird anstandslos bezahlt. Nur der Schriftsteller soll kostenfrei und franko liefern?

Hinter Ansuchen der genannten Art steckt übrigens in den seltensten Fällen Ignoranz oder gar blankes Nutzdenken, sondern eher die im Bewußtsein vieler Menschen festgeschriebene Meinung: Schreiben ist eine Kunst, eine schöpferische Tätigkeit. Etwas außer der Reihe. Schreiben kann nicht mit den Maßstäben des Kommerz gemessen werden; im Grunde ist es unbezahlbar. Mit solchen Gedanken wird die Vorstellung verdrängt, mit der Forderung nach Honorarfreiheit etwas Unbilliges verlangt zu haben.

Ich will, wie schon gesagt, Ihr gutes Herz, Ihre Hilfsbereitschaft nicht in Fesseln legen, bitte Sie aber, sich vernünftig, überlegt – und Kollegen gegenüber fair zu verhalten. Und schützen sollen Sie sich vor Ausnehmerei und Übertölpelei.

Nebenbei: Auch ich habe schon, ohne ein Honorar zu verlangen, Lesungen gehalten. Zum Beispiel vor Strafgefangenen, zu Weihnachten in einem Aussiedlerlager, und einem Verein zur Errichtung eines Heimes für mongoloide Kinder gestatte ich regelmäßig honorarfreien Nachdruck meiner Texte in seinem Mitgliederblättchen. Prinzipien, die man hat, und die daraus zu ziehenden Konsequenzen sind halt zwei Paar Stiefel.

Und noch eine Marginalie: Meine Wünsche nach Selbstdarstellung lasse ich bei besagten Gelegenheiten zu Hause. Das sowieso!

Honorarfragen werden von vielen, allzu vielen meiner Kollegen als heikles Thema, lästige Pflichtübung und unwürdiger Kommerz empfunden. Das geht hin bis zur noblen Aussparung des Themas bei Verhandlungen oder gar dessen Tabuisierung. Solchen abstinenzlerischen Anwandlungen setze ich Entscheidungsentschlossenheit, Selbstbewußtsein, meinen Berufsstolz und die Einsicht entgegen, mich den Problemen – gleichviel, ob gerne oder mit langen Zähnen – stellen zu müssen. Hilfreich sind mir dabei die in der Praxis erworbenen Erfahrungen und Ihnen – so hoffe ich jedenfalls – ist ein Buch wie dieses besonders nützlich.

Fahren wir fort in unserem Exkurs:

Eines Tages ruft Sie ein Redakteur an: »Ich habe Ihre Einsendung gelesen. Prima! Ausgezeichnet! Wir werden den Text drukken. Ich muß zuvor nur noch ausloten, ob sich unsere Honorarvorstellungen mit Ihren Forderungen decken.«

Forderung? Das Wort hören wir gerne, denn in aller Regel haben wir nichts zu fordern, sondern bekommen zugeteilt, ohne um unsere Meinung gefragt zu werden.

Ich gestehe ohne Umschweife: Solche Anrufe bringen mich noch jedesmal in große Verlegenheit. In Sekunden soll ich eine Honorarforderung nennen. Dabei habe ich keine Ahnung, was der andere zu bezahlen bereit ist. Was tun, wie reagieren?

Fälle wie diese gleichen einem Pokerspiel. Verdoppeln oder passen, abwerfen oder steigern? Dabei sind unsere Karten ja nicht gerade Klasse, wir müssen deshalb verdammt aufpassen, daß das Geschäft nicht im Graben endet.

Eine Patentlösung für den besonderen Fall habe ich nicht anzubieten. Leider! Allenfalls einen Tip.

Zunächst versuche ich den anderen aus der Reserve zu locken. »Welche Honorarsätze sind in Ihrem Hause üblich?« frage ich. Kommt er damit rüber, ist die Chose gelaufen. Ich sage entweder: »Top, was Sie vorschlagen, entspricht meinen Vorstellungen«, oder ich zögere, gebe mich gewunden und hoffe, daß er so sehr an meinem Manuskript interessiert ist, daß er seinem ersten Angebot noch etwas zulegt. Meistens klappt das.

Was aber, wenn er sein Blatt nicht aufdeckt, den Stummen mimt und mich solchermaßen im unklaren läßt, wieviel er für meinen Text springen zu lassen bereit ist?

Sie können jetzt ins Ungewisse zielen und einen Betrag nennen. Er sollte nicht unangemessen hoch, nicht von der Phantasie kalkuliert sein. Was angemessen ist? Sie wissen, was Ihre Geschichte wert ist, die Publikation, mit der Sie es zu tun haben, ist Ihnen bekannt. Sie haben die Auflagenhöhe im Kopf und hoffentlich noch ein paar Informationen dazu.

Daraus ist eine Honoraridee abzuleiten: Schlägt er, nachdem Sie eine Summe genannt haben, sofort zu, wissen Sie, daß Sie zu niedrig gepokert haben. Zögert er, dann können Sie auf geschickte Weise Nachgiebigkeit und Kompromißbereitschaft signalisieren. Haben Sie aber völlig danebengeschossen und die Zahlungsbereitschaft Ihres Partners weit überschätzt, kommt ein »No«, und Ihre Chancen für einen guten Ausgang der Verhandlung sind bescheiden. Äußerst bescheiden.

Zum Pokererfolg gehört eben nicht nur Geschick und eine gute Karte, sondern auch eine Portion Glück.

Zum Thema Honorare noch eine Klarstellung: Mit unserer Aussendung bieten wir dem Empfänger unseren Text zum *einmaligen Abdruck* an. Ist dieser erfolgt, fallen die Verwertungsrechte an uns zurück. Der Verlag ist nicht befugt, den Text ohne unsere Zustimmung ein weiteres Mal zu vervielfältigen oder ihn anderen zum Abdruck zu überlassen. Wer nachdrucken will, muß auf uns zukommen.

Sprechen wir von der Zahlungsmoral der Verlage, dürfen wir die Frage nach der *Angemessenheit der Honorare* nicht ausklammern.

Es gibt in unserem Geschäft – anders als überall sonst – keine Tarife. Selbst an Orientierungshilfen mangelt es. Alles ist vage und dem Goodwill der Verlage überlassen. Unsere Einwirkungsmöglichkeiten auf die Honorargestaltung sind minimal, realistisch gesehen sind sie gleich null.

Der Grund für diesen absurden Zustand liegt einmal in der historischen Entwicklung des Honorarwesens, zum anderen an der Haltung des Bundeskartellamtes, das den freien Autoren das Recht verbindlicher Honorarvereinbarungen mit den Verlegern nicht zubilligen mag. Derartiges ist für unsere Berufsgruppe angeblich rechtswidrig.

Was anderen freiberuflich Tätigen, also Rechtsanwälten, Ärzten und Steuerberatern, als undiskutierbare Selbstverständlichkeit zugestanden wird, bleibt uns versagt. Honorartarife sind Segnungen, von denen wir allenfalls träumen dürfen.

Ich drucke auf Seite 102 einen Teil eines Tarifvertrages ab, den der Deutsche Journalisten-Verband e. V. und andere Gewerkschaften mit dem Bundesverband Deutscher Zeitungsverleger e. V. 1987 für arbeitnehmerähnliche, freie Journalisten an Tageszeitungen abgeschlossen haben. Er kann uns als Richtlinie nützlich sein. Doch ich betone ausdrücklich: Diese Vereinbarung hat für freie Autoren keine Rechtsgültigkeit. Ansprüche an einen Verlag können aus ihr nicht hergeleitet werden.

Dabei gibt es für Zeitungs- und Zeitschriftenverleger keinen stichhaltigen Grund, eine solche Vereinbarung – etwa freiwillig und stillschweigend – als Richtschnur für die Honorierung der freien Autoren nicht anzuerkennen. Doch sie tun es nicht.

Die Honorare, die man uns zahlt, liegen so gut wie immer unter diesen Sätzen. Teilweise sogar erheblich darunter. Zur Schande der Betroffenen muß ich es hinschreiben: Eine Reihe von Publikationen – mit beachtlichen Auflagen wohlgemerkt – zahlt noch immer *Zeilenhonorare von sage und schreibe 15 Pfennig.* Wie vor 30 Jahren!

Ausnahmen? Doch, es gibt sie. Im großen und ganzen an die Richtsätze halten sich die Gewerkschaftszeitungen, einige Tageszeitungen, doch beileibe nicht alle, weit darüber liegen die Illustrierten und eine Reihe Publikumszeitschriften und Journale.

Weiße Raben gibt es darüber hinaus – auch das soll nicht unter den Teppich gekehrt werden – vereinzelt in allen Bereichen der Medienlandschaft. Ich nenne die Rundfunk- und Fernsehanstalten oder die Firmen-, Haus- und Kundenzeitschriften.

In Österreich ist der Honorarspiegel den deutschen Verhältnissen vergleichbar, in der Schweiz dagegen sieht es besser aus. Allein der günstige Wechselkurs des Franken spielt eine Rolle, aber auch die offensichtlich andere Auffassung eidgenössischer Verleger vom Wert der schriftstellerischen Arbeit und Leistung.

Resümieren wir dieses, übers ganze gesehen, unerfreuliche Kapitel: Wir freien Autoren sind eine kleine Minderheit und keine relevante Berufsgruppe, wie es im Politikerdeutsch so bezüglich heißt. Wir haben keine Lobby, keine Fürsprecher in den Ausschüssen der Parlamente, die sich unserer berechtigten Ansprüche annehmen könnten. Wir sind an den Rand gedrückt.

Deshalb sind wir auf uns selbst gestellt und müssen durch mehr Können, Leistung und Fleiß das nach Hause bringen, was anderen leichter zufällt.

Es ist meine innerste Überzeugung, das Elend mancher freischaffender Schriftsteller gäbe es nicht, fänden sich jene, die es angeht, bereit, den Autor angemessen zu bezahlen. Die Praxis aber schaut so aus: Was man dem ungelernten Hilfsarbeiter als Selbstverständlichkeit zuspricht – einen durch Tarifvertrag gesicherten, gerechten Lohn für seine Arbeit – wird uns vorenthalten. Da sage noch einer, die Zustände stänken nicht zum Himmel.

Zahlungsmoral der Verleger? Gibt es die?

Vorerst, so scheint es jedenfalls, bleibt alles beim alten.

Unser Geschäft ist ein Drahtseilakt ohne sicherndes Netz.

§ 6
Honorar für Textbeiträge

Die Berechnung der Honorare erfolgt nach der Anzahl der Druckzeilen der einzelnen Beiträge. Dabei gilt als Normalzeile die Druckzeile mit 34–40 Buchstaben.

Die Honorare betragen:

Bei einer Auflage bis	10 000	25 000	50 000	100 000	über 100 000
	Pf	Pf	Pf	Pf	Pf
a) Für Nachrichten und Berichte:					
Erstdruckrecht	60,0	66,2	79,7	92,1	107,6
Zweitdruckrecht	48,6	51,8	59,0	70,4	80,7
b) für Reportagen, Gerichtsberichte, Spitzen, Glossen, unterhaltende Aufsätze, Kurzgeschichten:					
Erstdruckrecht	74,5	79,7	99,4	119,0	147,0
Zweitdruckrecht	55,9	59,0	76,6	90,0	112,8

c) Die Honorare für Kommentare, Leitartikel, Interviews, fachliche und wissenschaftliche Aufsätze, Kunstkritiken, Essays und Alleinveröffentlichungsrechte unterliegen freier Vereinbarung. Sie müssen angemessen über den Sätzen der Tabelle liegen.

d) Als Mindesthonorar für einen Beitrag ist das Honorar für 20 Zeilen des jeweiligen Erstdruckrechts zu zahlen.

Protokollnotiz zu § 6:
Umfaßt die Druckzeile weniger als 34 oder mehr als 40 Buchstaben, so sind die Honorarsätze nach folgender Formel zu errechnen

Buchstaben der Druckzeile x Honorarsatz für Normalzeile

Allein oder mit Partner?

Wie man mit Agenturen umgeht und Geschäfte macht

So manchem Schriftstellerkollegen fällt der Vertrieb, der Verkauf seiner Texte und alles, was damit zusammenhängt, schwer – sehr viel schwerer als deren Erschaffung.

Gibt es denn keinen Ausweg aus dem Dilemma, keine Alternative? werden Sie wissen wollen. Die Antwort auf die so oft gestöhnte Frage ist kurz und klar: Es gibt sie!

Ob früher oder später, irgendwann einmal stellt jeder Schreibende Überlegungen an, ob die Zusammenarbeit mit einer Literaturagentur, einem Pressebüro oder wie immer sich diese nützlichen Einrichtungen nennen mögen, nicht geraten wäre.

Am ehesten finden Kollegen den Weg zu einer Agentur, die Schwierigkeiten haben, den unerläßlichen bürokratischen Teil ihrer Arbeit effizient zu betreiben. Deren gibt es nicht wenige.

Eine starke Motivation hin zur Agentur sind denn auch die oft als enervierend, als lästig empfundene alltägliche Routinearbeit des Manuskriptversands, die Überwachung des geschäftlichen Teils des Schriftstellereibetriebs, die notwendigen Verhandlungen mit Redaktionen, Rechts- und Honorarfragen, die zermürbend langen Wartezeiten von der Aussendung bis zum Abdruck, die deprimierenden, stereotypen Absagebriefe aus den Redaktionen und die Manuskriptretouren jeden Morgen im Briefkasten.

Widmen wir uns der Schreiberei neben einem Brotberuf, empfinden wir – nicht zu unrecht – die administrative Seite unseres Geschäftchens als besonders bedrückend, als Zeitraub und Einengung unserer schöpferischen Arbeit. Letzten Endes wollen wir ja schreiben und nicht verwalten! Und man denkt: In Zukunft wird nur noch geschrieben, sonst nichts. Laß doch das übrige andere machen!

Solche Überlegungen haben Gewicht. Die Arbeitsteilung – hier kreatives Tun, dort das Geschäftliche – scheint vernünftig, und ein wenig bequemer ist sie natürlich auch.

Anders als meinetwegen in den anglo-amerikanischen Ländern ist die Bedeutung der literarischen Agenturen im deutschsprachigen Raum bescheiden. In den Vereinigten Staaten zum Beispiel spielt sich praktisch das ganze Verkaufsgeschäft, der Handel zwischen Autoren auf der einen und Verlagen und Redaktionen auf der anderen Seite, ausschließlich und allein über Agenten ab.

Das liegt – so vermute ich – in der historischen Entwicklung. Wie immer dem sei, Tatsache bleibt, daß hierzulande – abgesehen vom Geschäft mit Bühnen und Film – der Solist, der Selbermacher, der Schriftsteller als sein eigener Werbemensch und Marketingmanager die Regel ist.

Der Entschluß, sich einer Agentur in die Arme zu werfen, ist von grundsätzlicher Natur. Der Entlastung von einer ungeliebten Tätigkeit einerseits steht auf der anderen Seite eine Bindung gegenüber, die einen gewichtigen Einfluß auf unsere zukünftige Arbeit haben muß. Wir können uns von nun an nicht mehr selbst für den Vertrieb unserer Produktion stark machen, wir verkaufen nicht mehr, sondern werden verkauft. Der Markt rückt von uns weg, und damit besteht die Gefahr, daß wir uns dem literarischen Alltagsbetrieb entfremden. Die Elfenbeinturm-Mentalität wird gefördert. Die Entscheidung bedarf deshalb der gewissenhaftesten Prüfung.

Um aus der eigenen Schule zu plaudern: Ich habe meine Geschäfte so gut wie immer, und fast ausschließlich, im Sologang abgewickelt – und bin gut dabei gefahren. Freilich: Ich habe das dazu notwendige Instrumentarium beherrschen gelernt. Perfekt, würde ich sagen.

Aber ich habe auch so manches liebe Mal gestöhnt, den täglichen Bürokram verflucht, mich geärgert, aufgeregt und mir hundertmal vorgenommen: Schluß mit der Fron!

Doch schließlich bin ich immer wieder brav an meinen Arbeitstisch zurückgekehrt, habe mich zähneknirschend den Notwendigkeiten gebeugt und mich in die Verantwortung genommen. Begeisterung? Lust? Dergleichen habe ich dabei nie empfunden. Pflichtgefühl, Einsicht in die Notwendigkeiten und viel, sehr viel Disziplin haben mich letztendlich durchstehen lassen. Bereut habe ich es nie, denn ich bin der festen Überzeugung: Zu gleichen Erfolgen wäre ich mit einer Literaturagentur nicht gekommen. Niemals!

Freilich, ganz aus meinem Gesichtskreis verbannt habe ich die Literaturagenturen deshalb nicht. Ich habe mich ihrer bedient, wenn es darum ging, Sachbücher an Verlage zu bringen, oder ihre Hilfe gesucht, um Texte bei großen Illustrierten zu placieren. Über viele Jahre fungierte ich sogar als Berater einer Literaturagentur.

Sich der Dienste einer Agentur zu versichern kann gewichtige Vorteile bringen. Für viele aus unserer Zunft sind Agenturen nicht mehr wegdenkbar, so daß sie – gäbe es sie nicht – erfunden werden müßten.

Meinen Weg hat so mancher gekreuzt, der – kurz und nüchtern gesagt – unfähig war, sich selbst zu verkaufen. Nichts zu machen! Wo wären solche Amateure auf dem Tanzboden des Kommerz ohne ihre Agenturen geblieben? Ich fürchte, viele hätten sich niemals gedruckt gesehen.

Doch ich will nicht abschweifen und mich daran erinnern, daß unser Thema der Verkauf von Kurzprosa, der kleinen Texte ist.

Noch vor Jahren gab es eine ansehnliche Reihe Agenturen, die sich sehr intensiv dieser Kunstgattung annahmen und auch respektable Erfolge beim Verkauf erzielten. Die Situation hat sich indessen geändert. Es gilt eine bedauerliche Tatsache festzustellen: Die meisten deutschen Literaturagenturen haben sich die Vermittlung von Kleinprosa an die Printmedien – von Ausnahmen abgesehen – so gut wie abgeschminkt. Der Grund: Das Geschäft lohnt nicht mehr, es ist zum Minusunternehmen, zum Flop geworden. Einmal ist der Bedarf dieser Publikationen aus Gründen, die ich an anderer Stelle darlege, stark zurückgegangen, andererseits sind die Honorare auf Niedrigniveau hängengeblieben. Logische Folge: Die

Agenturen sehen sich außerstande, ihre Kosten zu decken. Sie finden ihr Auskommen selbst dann nicht mehr, wenn sie die Honorare mit den Autoren teilen.

Wenn man mich fragte, sähe ich mich nicht in der Lage, aus dem Stand auch nur ein Dutzend Agenturen herzuzählen, auf deren Programm noch die herkömmliche kleine literarische Form steht.

Deshalb: Wenn Sie einen Vermittler finden, der sich Ihrer Kurztexte anzunehmen bereit ist, greifen Sie zu. Es ist ein Glücksfall.

Doch rechnen Sie nicht mit großartigen Erfolgen. Die Zeiten, in denen ein Agent für seinen Autor zweihundert, dreihundert oder gar noch mehr Abdrucke im Jahr durchbrachte, sind vorbei. Solche Ergebnisse schaffen Sie allenfalls noch im Alleingang. Es sei denn, Sie wären ein Art Buchwald oder eine Erma Bombeck. (Beide werden übrigens ausschließlich von Agenturen betreut!)

Zum Glück gibt es Ausnahmen erfreulicher Art. So wird von einigen Agenturen das sehr schwierige Geschäft mit Hörfunk und Fernsehen betrieben. Ihre wahre Domäne aber ist der Texthandel mit den großen, millionenschweren Illustrierten und den gewichtigen Journalen. Bei diesen Publikationen sind allerdings so gut wie ausschließlich Kurzkrimis, Love-Stories, sogenannte wahre Geschichten und die auf 10000 – 20000 Anschläge verkrüppelten »abgeschlossenen Romane« gefragt.

Hier, wo die dicken Honorare anfallen, finden die Agenturen eine kostendeckende Betätigung. Hier können sie im Regelfall auch mehr bewirken als der Einzelgänger. Sie beobachten den nicht einfach zu durchschauenden Markt mit akribischer Sorgfalt, sind meistens im voraus über kommende Entwicklungen unterrichtet, halten persönlichen Kontakt zu Redakteurinnen und Redakteuren, kennen Verlagsinterna – und in Honorarfragen sind sie geschickter, erfahrener und verhandlungsgewandter als jeder andere.

Sofern Sie Ihren literarischen Ehrgeiz hintanzulassen vermögen und Texte für das Fach Trivialliteratur zu schreiben in der Lage sind, liegen Sie gut im Wind, wenn Sie sich mit einer Agentur zusammentun.

Der Ruf, den Agenturen heutzutage genießen, ist gut. Doch selbstverständlich gibt es unter den Agenten – wie in jeder anderen Branche auch – schwarze Schafe, Dilettanten, zwielichtige Gestalten, Geschäftemacher, Abkocher und Gauner.

Prüfen Sie deshalb sorfältig, mit wem Sie eine Kooperation eingehen. Hören Sie sich bei Kollegen um, und fragen Sie, welche Erfahrungen sie mit diesem oder jenen Vermittler gemacht haben. Führen Sie mit dem Inhaber – viele Agenturen werden übrigens von tüchtigen Frauen geführt – ein Informationsgespräch, schauen Sie sich das Büro an, das Personal. Ist die Agentur im Handelsregister eingetragen? Ist sie ein Vollbetrieb oder eine Küchenagentur, die von einer Verlagssekretärin nach Feierabend und an den Wochenenden betrieben wird?

Seien Sie besonders vorsichtig gegenüber Anfängern. Immer wieder werden Literaturagenturen gegründet, um das schnelle Geld, um ein Schnäppchen zu machen. Dabei erfordert so eine Agentur neben dem unbedingten Engagement des Betreibers ein nicht gerade geringes Anfangskapital. Unter 100000 Mark ist da nichts zu machen. Wo aber schon kurz nach dem Start die Gelddekke zu kurz wird, beginnen die schrägen Geschäfte, und wenn's schiefgeht, ist immer der Autor der Dumme.

Überhaupt: Zuverlässigkeit, Solidität und Integrität der Agentur ist genauso wichtig wie Verbindungen, Cleverness und ausgezeichnete Kenntnisse der Materie.

Seriöse Agenturen schließen mit ihren Autoren Agenturverträge ab (s. Muster Seite 110). Die Bedingungen stoßen häufig hart an die Grenze der totalen Auslieferung des Autors an den Agenten. Deshalb: Gut und gründlich überlegen, bevor unterschrieben wird.

Die Bedingungen, unter denen Agenturen arbeiten, sind in der Branche nahezu einheitlich:

Für unterhaltende Kurztexte, die in Tageszeitungen, Zeitschriften, Wochenblättern und ähnlichen Publikationen erscheinen, wird das Honorar zwischen Autor und Agentur geteilt. Fifty-fifty also.

Für die Vermittlung an den Hörfunk und an auflagenstarke Blätter (etwa ab einer halben Million Exemplaren Druckauflage) behält die Agentur in der Regel zwischen 20 % und 30 % des Honorars für sich ein.

Dafür ist die Beratung kostenlos, und um Aussendungen, Verlagsverhandlungen und Bürokram brauchen Sie sich nicht mehr zu kümmern.

Der Zahlungsverkehr wird überwacht. Größere Honorare (ab ca. 1000 DM) rechnet die Agentur monatlich ab, kleinere Summen jeweils am Quartalsende.

Agenturen lenken unsere Produktion. Sie machen Vorgaben für Inhalte und Textmengen und bewahren uns solchermaßen davor, am Markt vorbeizuschreiben. Da wird viel Zeit und Energie für andere Aufgaben freigesetzt.

Ob man sich mit mehreren Agenturen gleichzeitig zusammentun soll? Versuchen Sie es nicht. Ich fürchte, man wird Sie von der Autorenliste streichen und Ihnen stante pede den Stuhl vor die Türe setzen, wenn man Ihnen auf die Schliche kommt. Und man kommt! Verlassen Sie sich darauf. Agenten hören das Gras wachsen, ihnen bleibt à la longue nichts verborgen.

Hier füge ich die Anschriften einiger Agenturen an, die für eine Kontaktaufnahme in Frage kommen. Meine Liste ist nach bester Überzeugung zusammengestellt, auf Vollständigkeit erhebt sie freilich keinen Anspruch.

Schreiben Sie hin. Nett, freundlich, signalisieren Sie Kooperationsbereitschaft. Am besten, Sie legen Ihrem Brief ein paar für Ihre Strickart typische, gute Texte (nicht zuviel, zehn Schreibmaschinenseiten insgesamt genügen) bei.

Lassen Sie Ihren potentiellen Partner wissen, was Sie können und was Sie in der Schublade haben. Alles kurz, gut und überzeugend. Ein knapper Lebenslauf ist für den anderen immer informativ. Und haben sie Geduld. Ein Agent muß sich zuerst und in der Hauptsache dem Verkaufsgeschäft widmen. Das übrige läuft nebenbei.

AGENTURVERTRAG

zwischen

Herr/Frau

im weiteren Urheber genannt

und der Agentur ____________________________________

1. Der Urheber räumt der Agentur die ausschließlichen Nutzungsrechte an den in der beiliegenden permanenten Liste aufgeführten Werken ein.

2. In die Werkliste können während der Gültigkeit dieses Vertrages weitere Werke des Urhebers aufgenommen werden. Auf hinzukommende Werke findet dieser Vertrag gleichfalls Anwendung.

3. Der Urheber gewährleistet, daß seine in die permanente Liste aufgenommenen Werke Originaltexte sind, also noch nicht veröffentlicht wurden und z.Z. des Vertragsabschlusses keiner Redaktion, Verlag, Agentur, Sender oder anderen Urheberrechtsverwertern angeboten waren und daß diese Texte sein alleiniges geistiges Eigentum und frei von Rechten Dritter sind.

4. Dieser Vertrag wird auf unbestimmte Zeit abgeschlossen. Er ist erstmals kündbar an dem auf den Vertragsabschluß folgenden 1. Januar mit einer Kündigungsfrist von einem Jahr.

5. Die aus der Verwertung der Nutzungsrechte anfallenden Netto-Honorare werden 70 : 30 zwischen Urheber und Agentur aufgeteilt.
Abrechnungen und Auszahlungen erfolgen halbjährlich.
Haben sich vor einer Halbjahresabrechnung auf dem Honorarkonto des Urhebers mehr als DM 1000,– Honoraranteile angesammelt, so werden diese jeweils als Abschlag vorab ausbezahlt.
Mit der Abrechnung liefert die Agentur die bei ihr eingegangenen Belegstücke, Ausschnitte etc. an den Urheber aus.

Ort, Datum

____________________ ____________________

(Die Agentur) (Der Urheber)

Muster einer Information, wie sie manche Agenturen regelmäßig an ihre Stammautoren verschicken. Der Autor kann sich an Hand der Liste unterrichten, welche Art Texte mit welchen Längen gerade gebraucht werden.

Die Aktuelle	Kurzkrimi	8640 Anschläge
	Kurzroman	21450 – 22110 Anschläge
Auf einen Blick	Kurzroman	11550 – 12540 Anschläge (Exposé beilegen)
	Wahre Geschichten	12375 Anschläge
Bella	Kurzkrimi	9100 Anschläge
	Kurzroman	28200 Anschläge
Echo der Frau	Kurzroman	54000 Anschläge (Exposé beilegen)
Fernsehwoche	Wahre Geschichten	22000 – 23000 Anschläge
Frau im Spiegel	Kurzroman	11440 – 13000 Anschläge
	Kurzgeschichte	5720 – 6500 Anschläge
Quick	Kurzkrimi	9240 Anschläge
Tina	Kurzkrimi	10890 Anschläge
	Kurzroman	62500 Anschläge
	Wahre Geschichte	31250 Anschläge
TV Hören + Sehen	Kurzkrimi	9000 – 12000 Anschläge
	Kurzroman	25000 Anschläge
Wochenend	Kurzkrimi	6000 Anschläge
	Kurzroman	14000 Anschläge (Exposé beilegen)
Freizeit Revue	Kurzkrimi	5500 – 6000 Anschläge
	Kurzroman	11000 Anschläge
Das goldene Blatt	Kurzroman	48000 – 50000 Anschläge (Exposé beilegen)
Das Neue	Kurzkrimi	9500 Anschläge
	Kurzroman	19800 Anschläge

Empfehlungen im Umgang mit Agenturen

Regeln Sie Ihre Beziehungen mit Agenturen vertraglich.

Bieten Sie einen Text, den Sie der Agentur zur Vermittlung übergeben haben, nicht Dritten an. Niemals!

Forderungen nach Vorschüssen oder Kostenbeteiligungen von seiten der Agentur sollten Sie nur in Ausnahmefällen akzeptieren. Zum Beispiel dann, wenn die Agentur bereit ist, Ihre Arbeiten auch zu lektorieren und zu korrigieren oder andere besondere Leistungen erbringt.

Lassen Sie sich nicht die Rechte an Ihren Texten mit einem einmaligen Pauschalhonorar ablösen, verlangen Sie vielmehr Abrechnung jedes einzelnen Beitrags! Wie wollen Sie wissen, ob der Text, den Sie heute für zwei Hundertmarkscheine an die Agentur verkaufen, nicht ein Renner wird und letztendlich ein Vielfaches des Pauschalhonorars einbringt? Solide arbeitende Agenturen vereinbaren übrigens nie Pauschalhonorare.

Ist nichts Derartiges ausdrücklich ausgemacht, lektoriert die Agentur Ihre Texte nicht. Allenfalls Schreib- und orthographische Fehler, Satzzeichenvergehen und dergleichen lässige Sünden wird sie verbessern. Ihre Manuskripte sollten deshalb immer in Ordnung, das heißt satzfertig, sein.

Rufen Sie Ihre Agentur nicht jeden Tag an, um die jüngsten Erfolge abzufragen. Solche Drängelei wirkt entnervend und verschlechtert das Klima zwischen Ihnen und Ihrem Vermittler.

Schimpfen Sie nicht auf Ihre Agentur, wenn der Erfolg lange auf sich warten läßt. Die Agentur hat kein Interesse, Ihre Texte zu konservieren. Sie lebt nur gut, wenn sie diese auch verkauft. Haben Sie also Geduld. In der Regel ist nicht die Agentur saumselig, sondern den Redakteuren pressiert es mit den Abdrucken nicht.

Es ist kein Widerspruch zu dem, was ich zu unserem Thema sagte, wenn ich hinschreibe: Agenturen sind ständig auf der Fahndung nach Talenten. Vor allem für bestimmte Projekte. Das können Texte für Kinderbücher oder Sachbücher sein, Beiträge für Anthologien oder Kurzprosa für Füller im Hörfunk. Verstecken Sie Ihr Talent nicht, lassen Sie Ihren Partner wissen, was Sie auf Lager und auf dem Kasten haben.

So mancher Schreiber ist erst durch eine Agentur auf den richtigen (Verkaufs-)Weg gebracht worden. Zeigen Sie sich zur Zusammenarbeit bereit, und nehmen Sie Ratschläge an. Die Agentur weiß zwar auch nicht alles, doch wenn es um Marktchancen geht, hat sie so gut wie immer den besseren Durchblick.

Der Einfluß der Agenturen in der Bundesrepublik Deutschland wächst, ihre Arbeit wird mehr und mehr geschätzt und anerkannt. So decken bereits eine ganze Reihe großer Blätter ihren Bedarf an Kurzprosa nur noch über Agenturen. Stammautor bei einer guten Agentur zu sein kann unter Umständen so etwas wie eine Art Existenzsicherung bedeuten.

Literatur- und Presseagenturen die sich – neben anderem – mit der Vermittlung von Kurzprosa an Printmedien befassen

art + skript
Triftstraße 46
D-1000 Berlin 65

Dörnersche Verlags-
gesellschaft mbH
Postfach 1106
D-2057 Reinbeck

Ferenczy Presse Agentur
Portenlänger Straße 37
D-8033 Grünwald

Fralit
Fritz Kurt Albrecht
Brahmsallee 29/1
D-2000 Hamburg 13

Graberg & Görg
Mainzer Landstraße 250–252
D-6000 Frankfurt 19

Erica Kalmer
31, Stanhope Terrace
London W 2 2 UA
(vermittelt Texte
deutscher Autoren)

KOMMAPRESS
Templerstraße 8
D-8038 Gröbenzell

Klaus Middendorf
Säulingstraße 40
D-8000 München 21

Grit Peters
Wietstrukstraße 37
D-2161 Estorf

Axel Poldner
Rauheckstraße 11
D-8000 München 21

Tomus Verlag GmbH
Prinzenstraße 7
D-8000 München 19

Union-Roman-Agentur
Günter Fischer
Rheinallee 117a
D-4600 Dortmund

Gebunden muß es sein …

Über Hartbände, Verlagsverträge, Druckkostenzuschüsse und die Möglichkeit, Bücher selbst zu verlegen

Eine Möglichkeit von vielen, unsere Texte dem Leser nahezubringen, sie zu verkaufen, ist die *Buchausgabe*.

Realistisch und marktorientiert wie wir sind, haben wir hier vorweg eine Feststellung zu treffen, von der ich weiß, daß sie in den Ohren vieler meiner schreibenden Kollegen gar nicht wohlklingt: Große Geschäfte sind mit Buchveröffentlichungen von Kurzgeschichten in der Regel nicht zu machen.

Marktlage, Tendenz und Trend auf dem Buchmarkt sind für Bände mit Erzählungen, Kurzgeschichten und ihren diversen Verwandten ungünstig. Es ist müßig, den Ursachen für diese Situation theoretisierend nachzugehen, die Gründe dafür erforschen zu wollen. Bleiben wir lieber mit unseren Beinen auf der Erde, und nehmen wir als gegeben hin, was wir ohnehin nicht ändern können.

Auf der Frankfurter Buchmesse 1987 hat ein Student der Literaturwissenschaft einen Versuch gestartet, der für die Erhellung der Situation symptomatisch ist:

Der junge Mann faßte eine Reihe Erzählungen mit so unverfänglichen Titeln wie »Eine Naturgeschichte der Toten«, »Eine Verfolgungsjagd«, »Eine banale Geschichte«, »Väter und Söhne« von Ernest Hemingway – unter einem Decknamen versteht sich – zusammen und ging mit dem Konvolut bei Verlagen, die in ihrem Programm Kurzprosa anbieten, hausieren.

Was er erfuhr, gibt die Lage mit geradezu fotografischer Schärfe wieder. Alle Lektoren, Verlagsleiter und -mitarbeiter, die er ansprach, zeigten sich zwar freundlich, teilweise sogar aufgeschlossen, aber mehr als einen flüchtigen Blick für das Manuskript hatte keiner übrig. Nicht einer wollte den Studenten ermuntern, die Texte dem Lektorat zur Prüfung einzusenden. Die allermeisten lehnten – in höflicher Form – rundweg ab. »Kurzgeschichten? Bei uns nicht. Wir sitzen auf Bergen von Büchern dieses Genres. Der Absatz ist zäh und schlecht, also im höchsten Grad unbefriedigend. Im Augenblick leider nichts zu machen.«

Gewiß, einige wenige gaben Empfehlungen: »Versuchen Sie es doch einmal beim XYZ-Verlag. Der käme noch am ehesten für diese Materie in Frage.« Unser »Autor« versuchte bei XYZ sein Glück – doch er hatte keines. Mit Hemingway war auf der Buchmesse sichtlich kein Geschäft zu machen.

Ohne ein solches Experiment überbewerten zu wollen: es paßt in das Bild der Marktsituation. Kurzgeschichten sind ein Brot, das Buchverlegern – wenigstens zur Zeit – nicht schmecken will.

Soviel zur Absatzlage von Hardcovern mit kurzer Prosa.

Unabhängig von den faktischen Gegebenheiten ist interessanterweise der Drang der Kurzgeschichtenautoren, ihre Werke zwischen zwei Pappendeckeln – zur Not kann es auch ein cellophanierter 240-g-Karton sein – zu sehen, ungebrochen groß.

Das ist verständlich. Jeder von uns möchte seine Geschichten in Buchform vorlegen können. Es ist sogar, das kann man – ohne sich einer unzulässigen Verallgemeinerung schuldig zu machen – sagen, das Ziel und die erklärte Absicht unseres Strebens.

Ein Buch gilt nach unserem Verständnis – und im Bewußtsein der Öffentlichkeit – mehr als tausend Abdrucke in den Printmedien. Die Frage nach dem, was unter dem Strich an Honorar bleibt, rationelle Gesichtspunkte also, wiegen dagegen wenig. Fast nichts. Um es kurz zu sagen: Wir werten einen Erzählerband unabhängig von wirtschaftlichen Überlegungen als so etwas wie die Krönung unseres Schaffens. Jeder Betriebswirtschaftler würde uns Toren und Naivlinge schelten.

Doch nehmen wir das Phänomen, wie es ist, packen wir die Katze beim Schwanz und sehen wir zu, wie unsere Wünsche und Vorstellungen mit der Realität in Einklang zu bringen sind.

Setzen wir voraus: In unseren Mappen liegt eine gute Auswahl vorzeigbarer Geschichten. (Für einen ordentlichen Hartband brauchen wir Textmaterial im Umfang von 260000 bis 400000 Anschlägen.) Für diese Texte suchen wir einen Verlag, der bereit ist, daraus einen Hartband oder ein Taschenbuch zu machen.

Zunächst stellen wir ein *Vormanuskript* von 15 bis 20 Normalschreibmaschinenseiten zusammen und geben ein Kurzexposé von höchstens zwei Seiten dazu, in dem wir etwas über Art, Inhalt und die Besonderheit unserer Texte sagen. Das Exposé soll den Lektor animieren, sich in das vorgelegte Manuskript zu vertiefen. Tut er es, dann haben wir die erste Stolperschwelle schon überwunden. Deshalb lassen wir der Ausfertigung des Exposés auch ganz besondere Sorgfalt angedeihen. Überschwang ist dabei sowenig angezeigt wie übertriebene Bescheidenheit. Lektoren sind Profis und spüren schon nach flüchtiger Durchsicht, ob sie es mit einem veröffentlichungswürdigen Text oder mit Makulatur zu tun haben.

Der Schriftsteller, der sein Manuskript unter den Arm klemmt, einen Verlag aufsucht und sich nach Überwindung von Sekretärinnenwiderstand bis zu dem richtigen Mann durchkämpft, verkennt die Situation. Was soll unser schönster Vortrag, wenn der Lektor keine Vorstellung hat, was hinter unserem Manuskript steckt? Er muß es lesen – und jetzt hat er dazu keine Zeit. Lassen wir also solche Versuche. Sie sind glatte Zeitverschwendung.

Statt dessen verschicken wir unsere Offerten mit piekfein nach den Regeln der Kunst hergestellten Manuskripten, mit Exposé, einer kurzen Vita unserer selbst und einem freundlichen Begleitbrief an die Lektorate jener Verlage, die nach unseren Vorausrecherchen an einer Buchausgabe Interesse haben müßten.

Hinsichtlich der Auswahl der anzusteuernden Verlage brauchen wir nicht kleinlich zu sein. Hier ist das Gießkannenprinzip, also die weite Streuung, ausnahmsweise einmal erlaubt.

In der nächsten Phase des Unternehmens haben wir uns in Geduld zu fassen, unsere Erwartungen auf Sparflamme zu drehen und unsere innere Haut in Leder zu kleiden, damit wir die auf uns zukommenden Absagen ohne seelischen Schaden überstehen.

Zeigt ein Verlag Interesse, fordert er das endgültige Manuskript an, dürfen wir hoffen. Aber den Champagner sollten sie erst entkorken, wenn Sie den Verlagsvertrag unter Ihrer Post finden. Dann allerdings haben Sie gewonnen. Sie sind ein Glückspilz.

Zu jeder Buchveröffentlichung gehört ein *Verlagsvertrag*. Er regelt unser Verhältnis zum Verleger vor allem in rechtlicher Hinsicht und ist deshalb unabdingbar. Lassen Sie sich – ich beschwöre Sie – nie auf eine Buchausgabe ohne Verlagsvertrag ein. Für seriöse Verlage ist die vertragliche Übereinkunft mit dem Autor übrigens eine nicht diskutierfähige Selbstverständlichkeit.

Im deutschen Verlagsgewerbe sind die Verträge so gut wie genormt. Von kleineren Abweichungen abgesehen, schauen sie alle ziemlich gleich aus. Der Verband der Schriftsteller (VS) hat sogar einen Normvertrag entworfen. Er ist autorenfreundlich, was von Verträgen, die tatsächlich abgeschlossen werden, nicht immer gesagt werden kann.

In praxi ist es so, daß Sie den Verlagsvertrg vorgelegt bekommen. Mit einem eigenen Vertragsentwurf zu kommen, hat keinen Sinn. Der Verlag wird ihn im Regelfall nicht annehmen.

Ich will an dieser Stelle nicht Paragraph für Paragraph des Verlagsvertrags vornehmen, um zu demonstrieren, wie so ein Abkommen, wenn es wasserdicht sein soll, aussehen müßte. Wozu auch? Wir müssen ohnehin essen, was uns vorgesetzt wird. Die folgenden Hinweise haben denn auch nur den einen Sinn, Sie – wenigstens in etwa – davor zu bewahren, sich mit einem miesen Verlagsvertrag total über den Tisch ziehen zu lassen.

Wir wollen Geld für unsere Leistung sehen, und deshalb ist die Frage nach dem *Honorar* die wichtigste.

Die Regel: Bei Hardcoverausgaben erhält der Autor 10% des späteren Ladenverkaufspreises. Lassen Sie sich nicht düpieren und unterschreiben Sie keinen Vertrag, der Ihnen ein Honorar für das *ungebundene* Exemplar zugesteht. Solches Verlangen ist entweder unseriös, oder der Verlagskalkulator versteht sein Geschäft nicht. Bei Taschenbuchausgaben sind 5% des Ladenverkaufspreises als Honorar realistisch.

Sofern Sie geschickt taktieren, lassen sich für Nachauflagen 11% bis 12% bei Hartbänden und 6% bis 7% bei Taschenbuchausgaben herausholen. Die Herstellungskosten einer Ausgabe sinken bei Nachdrucken erheblich, und der Verleger ist – ohne Einbußen befürchten zu müssen – in der Lage, eine solche Forderung zu erfüllen. Leider fehlt es gerade in diesem Punkt oft an der selbstverständlich sein sollenden Bereitschaft, den Autor am Erfolg einer Buchausgabe angemessen zu beteiligen.

Bei Abschluß des Verlagsvertrags, spätestens aber bei Ablieferung des Typoskripts ist ein Teil Ihres Honorars, das sogenannte *Garantiehonorar,* fällig. Die Verleger sprechen dabei gerne von »Vorschuß«. In Wirklichkeit aber sind Sie es und nicht der Verlag, der in Vorlage tritt, weil Sie ja Alpha und Omega der ganzen Transaktion – ihr Manuskript nämlich – liefern. Es wäre ein Unding und widerspräche allen kaufmännischen Gepflogenheiten, Sie *allein* auf eine Erfolgsbeteiligung – sprich auf ein verkaufsabhängiges Honorar – zu verweisen. Das Risiko einer Buchausgabe muß fairerweise von Verleger *und* Autor getragen werden.

Die Höhe des Garantiehonorars kann nicht mit allgemeinverbindlicher Gültigkeit fixiert werden. Es liegt im Regelfall zwischen 30% und 50% des Gesamthonorars einer Ausgabe. Das würde bei einem Ladenverkaufspreis je Exemplar von DM 30,– bedeuten:

Gesamthonorar	10% aus DM 30,– = DM 3,–
Garantiehonorar	50% aus DM 3,– = DM 1,50

Bei einer in Aussicht genommenen Auflage von 5000 Exemplaren haben sie also DM 7 500,– auf die Hand zu bekommen.

Bei *Taschenbüchern* bestand bisher die Regelung, daß das *ganze Honorar* aus der Erstauflage als Garantiehonorar bei Manuskriptübergabe ausbezahlt wird. Inzwischen bastelt man aber da und dort an einer Schlechterstellung der Autoren. Einzelne Taschenbuch-Verlage zahlen nur noch ein Pauschalgarantiehonorar ähnlich wie bei Hardcovern. Es liegt – wie kann es anders sein – unter dem Gesamthonorar für die Erstauflage.

In jedem Vertrag muß stehen, daß das Garantiehonorar zwar von dem späteren Gesamthonorar in Abzug gebracht wird, aber zum Beispiel im Fall, daß ein Teil der Ausgabe als unverkäuflich verramscht werden muß, nicht zurückbezahlt werden braucht.

Geld bringen neben dem Honorar die sogenannten *Nebenrechte.*

Unter Nebenrechten sind Erlöse zu verstehen, die der Verlag dadurch erzielt, daß er anderen Nutzungsrechte an dem Werk einräumt. Im Normalfall handelt es sich dabei um Abdrucke in Printmedien und Anthologien oder um Übernahmen durch Rundfunk und Fernsehen. Üblicherweise steht in den Verlagsverträgen, daß die Nebenrechte zwischen Autor und Verlag geteilt werden. Also 50:50. (Von den Schriftstellerverbänden wird eine Aufteilung von 75:25 zu Gunsten des Autors angestrebt.)

Durch geschicktes Verhandeln ist es aber durchaus möglich, mehr herauszuholen. Ich habe alle meine Verlagsverträge – es waren bisher etwa 25 – so abgeschlossen, daß mir 60% und dem Verleger 40% aus den Nebenrechten zufielen.

Nehmen Sie die Sache mit den Nebenrechten nicht auf die leichte Schulter. Ein Beispiel mag demonstrieren, was passiert, wenn Sie nicht Obacht geben:

Sie haben einen Verlagsvertrag über einen Band Erzählungen abgeschlossen. Vereinbart wurde, daß die Nebenrechte zwischen Autor und Verlag geteilt werden. Nach Erscheinen des Buches interessiert sich ein Fensehproduzent für eine Ihrer Gechichten, er will einen Fernsehfilm daraus machen. Es kommt zum Abschluß, das Übernahmehonorar beträgt DM 5000,–. Wären Sie bei den Verhandlungen hartnäckig gewesen und hätten Sie auf eine Verteilung 60:40 zu Ihren Gunsten bestanden, würden Sie jetzt nicht DM 2500, sondern DM 3000 auf Ihrem Bankkonto vorfinden.

Da ist aber noch etwas anderes: Mit der Abtretung der Urheberrechte an den Buchverlag wird Ihre Handlungsfreiheit auf dem Medienmarkt bis zur Bewegungsunfähigkeit eingeschränkt. Da jetzt der Verlag, und nicht mehr Sie, Rechteinhaber ist, dürfen Sie Ihre Geschichten, die in dem Hardcoverband – es kann auch ein Taschenbuch sein – abgedruckt wurden, nicht mehr selbst den Tageszeitungen und Zeitschriften oder dem Rundfunk anbieten.

Ist der Verlag rege und kümmert er sich intensiv um die Einbringung von Nebenrechten, ist die Sache für Sie auch dann noch einigermaßen in Ordnung, wenn Sie in Rechnung stellen, daß Sie an diesen Nebeneinkünften nur zur Hälfte beteiligt sind.

Was aber, wenn der Verlag nichts dergleichen unternimmt? In diesem Fall sind die Texte, die in Ihrem Buch stehen, für Ihre Aussendungen verloren. Mindestens so lange, als die Rechte beim Verlag liegen. Das aber kann über viele Jahre gehen. Ziehen Sie Bilanz, und vergleichen Sie das Buchhonorar mit dem Einnahmeverlust, den Sie erleiden, wenn Sie Ihre besten Texte für Veröffentlichungen in Tageszeitungen und Zeitschriften blockiert sehen.

Ich habe dieses Dilemma frühzeitg erkannt und meine Geschichten, anstatt sie für 'nen Appel und 'n Ei an einen Buchverlag zu geben, brav und treu, wie eh und je, an meine Kunden ausgesandt. Auf diese Weise konnte ich ein Vielfaches von dem verdienen, was mir Buchveröffentlichungen eingebracht hätten.

Alles, was im Verlagsvertrag steht, ist wichtig. Nicht immer ist alles auch sonnenklar, und oft werden Ihre Rechte mehr eingeschränkt, als das für die Sache notwendig und rechtlich zulässig ist. Deshalb: erst lesen und prüfen – und dann unterschreiben. Ob Sie sich des Rates eines Rechtsanwalts versichern sollen, hängt davon ab, wie sattelfest Sie sich in der Materie fühlen und wie fair der Verlagsvertrag ist, den man Ihnen vorlegt. Gehen Sie aber nicht zu einem Strafverteidiger oder einem Scheidungsspezialisten, wenn Sie Rechtsbeistand nötig haben sollten. Das Verlags- und Urheberrecht ist eine Art Nebenrecht, und nur wenige Juristen beherrschen die Materie wirklich gut.

Eine nützliche Hilfe in Sachen Verlagsvertrag ist der Band *Verlagsvertrag* von dem Urheberrechtsspezialisten Dr. Ludwig Delp. Erschienen im Franz Rehm Verlag, Vogelweideplatz 10, 8000 München 20, Preis DM 84,–.

Wenn sich durchaus kein Verleger finden will, der bereit ist, einen Band mit Ihren Erzählungen aufzulegen, dann versuchen Sie es doch einmal mit einer List. Nehmen Sie ein paar Ihrer Texte, besuchen Sie die Frankfurter Buchmesse, und sprechen Sie Verlagslektoren an, ob sie nicht Lust hätten, als *Herausgeber* für Ihre Geschichte zu fungieren. Das ist zwar nicht gerade das, was ich einen besonders guten Weg nenne, um zu einer Edition zu kommen. Aber wenn es funktioniert, haben Sie Ihr Ziel erreicht. Es gibt Lektoren, die so ein Herausgeberamt zu übernehmen bereit sind. Im Einverständnis mit und für den Verlag, dem sie angehören, versteht sich. Gibt die Verlagsleitung ihr Plazet zu dem Geschäft, ist das Ding gelaufen. Allerdings erleiden Sie dabei eine erhebliche Honorareinbuße. Der Herausgeber wird etwa die Hälfte des Gesamthonorars für seine ja nicht gerade kräfteverzehrende Arbeit verlangen. Ihnen bleibt nur der hälftige Rest.

Doch manchmal geht es eben nicht ganz ohne Trick.

Eine andere Möglichkeit, zu etwas Gebundenem zu kommen, ist der *Druckkostenzuschuß*. Gemeint ist die Übernahme der Buchherstellungskosten oder eines Teiles davon durch den Autor. Per Saldo bedeutet das nichts anderes, als daß der Verlag das wirtschaftliche Risiko einer Edition auf den Autor abwälzt.

Wenn ein Verleger so ein Ansinnen an mich herantragen würde, käme in mir der – sicher nicht unbegründete – Verdacht auf: »Der Mann rechnet von Haus aus nicht mit einem kostendeckenden Absatz meines Buches.« In so einem Fall wird auch ein Druckkostenzuschuß nicht das große Geschäft bringen. Sicher nicht. Also landet das Werk bald nach der Herausgabe im Ramschantiquariat oder in der Makulatur. Was bliebe am Ende? Ein Buch in Händen, aber nicht auf dem Markt und ein ordentlicher Batzen Geld perdu. Auch auf die Gefahr hin, Ihnen einen Traum zu zerstören, rate ich Ihnen von solchen »Geschäften« ab. Sie sind nichts wert, und einen Platz im Dichterwalhall erobern Sie auf diese Weise bestimmt nicht.

Schließlich will ich Ihnen ein anderes Mal ins Gedächtnis rufen, daß wir beschlossen haben, unsere Kurzprosa zu verkaufen, also Geld einzunehmen – und nicht das Gegenteil.

Damit komme ich zu einer Art von Editionen, die derzeit grassiert wie eine Seuche. *Das Buch im Selbstverlag* oder die Herausgabe des Bandes mit Erzählungen, Stories, Gedichten auf eigene Rechnung unter Zuhilfenahme eines Herstellers, der den Band produziert.

Der bekannte Drang nicht weniger Kollegen nach dem Hartband hat clevere Geschäftemacher nicht schlafen lassen. Sie bieten ihre Dienste jedem an, der bereit ist, tief in den Beutel zu greifen, um an ein paar hundert Gramm bedrucktes und gebundenes Papier zu kommen.

»Wir machen Ihr Buch . . .«, »Endlich können Sie Ihre eigenen Werke in den Bücherschrank stellen . . .«, »Keinen Ärger mehr mit Lektoren . . .«, »Schluß mit der zermürbenden Suche nach einem Verlag! Werden Sie Ihr eigener Verleger . . .«, »Wir stellen Ihr Buch für Sie her. Wir machen alles, Korrektur, Lektorat, Satz, Druck, Bindung und Einschweißen . . .«

Die Sprüche sind immer dieselben, nur die Methoden, mit denen solche Dunkelfischer auf Fang ausgehen, unterscheiden sich in Nuancen. Die einen probieren es auf die freche Tour und versprechen, das Blaue für Sie vom Himmel herunterzuholen, andere geben sich betont seriös und tun so, als läge ihnen nichts mehr am Herzen, als unbekannten, verkannten Autoren zu Recht und Ansehen, sprich zum Buch zu verhelfen.

Ich habe mich der Mühe unterzogen und alle erreichbaren Angebote solcher Produzenten studiert und ausgewertet.

Am Ende bin ich zu eindeutigen Ergebnissen gekommen: Alle diese Autorenbeglücker wollen nur eines – Ihr Geld!

Die Leistungen, die sie dafür erbringen, sind im günstigsten Fall ein Buch, das *Sie* bezahlt haben und von dem Sie die ganze Druckauflage oder einige hundert Exemplare – die sogenannte Dekkungsauflage – übernehmen müssen. »Garantieabnahme« heißt das vornehm umschrieben.

Die geforderten Beiträge für Satz-, Druck- und Buchbinderkosten sind in fast allen Fällen überhöht. Jede bessere Druckerei macht das billiger.

Was soll man zu dem unerfreulichen Thema viel sagen? Nach meiner Erkenntnis werden Sie über diesen Weg Ihre Bücher nicht verkaufen. Verkauft und geleimt werden Sie! Den sichtbaren Beweis für meine Behauptung wird Ihnen der Bücherstapel liefern, der eines Tages in Ihrer Garage oder in Ihrem Keller lagert. Was damit tun, wenn alle Verwandten, Freunde, Bekannten, alle Stammtischbrüder und Tennispartner ihr Exemplar geschenkt bekommen haben und nicht einmal Ihr örtlicher Buchhändler bereit ist, zehn Stück zum Ramschpreis abzunehmen?

Also machen Sie – aus welchen Gründen auch immer – nicht den Dummen für ausgebuffte Geschäftemacher, die in Wahrheit auf Ihr literarisches Werk husten und nur an einem Stück bedruckten Papier Interesse haben: dem Scheck mit Ihrer Unterschrift.

Sie fragen nach Alternativen, da Sie nun einmal Ihren Wunsch nach Gebundenem erfüllt sehen wollen?

Der beschwerliche, am Ende aber richtige Weg ist – weitersuchen! Verleger und Lektoren zu kontakten, zu bohren und nachzuhaken. Nicht locker lassen. Anbieten, verhandeln, Beziehungen zu Verlagsleuten mit Entscheidungsbefugnis schaffen, Druck machen, hartnäckig sein, auch wenn wir unserem Gegenüber dabei auf die Nerven fallen. Die Editoren, die sich für die Werke ihrer Autoren einsetzen, preisen ihre Dienste nicht per Inserat und Werbebrief an. Sie lassen sich suchen.

Seien Sie nicht ohne Hoffnung. Sind Ihre Texte gut, besser als das Übliche, wird es eines Tages auch klappen.

»Ich habe Ihre Ratschläge befolgt, aber mein Ziel habe ich trotzdem nicht erreicht«, sagen Sie?

Spätestens jetzt sollten Sie sich die Frage stellen: Muß es denn unbedingt ein Buch ausschließlich und allein mit meinen Texten sein? Wäre eine gute Anthologie, in der ich mich, vielleicht mit anderen Schriftstellerkollegen, vorstelle, nicht auch eine befriedigende Sache? Etwas Gebundenes ist das ja auch.

Wenn ein ordentlicher Verlag hinter einer solchen Sache steht, kommt der Band selbstverständlich in die Buchhandlungen, und wir sind, wenn auch nicht ganz so, wie wir es uns zu Anfang vorstellten, auf dem Markt. Eine Möglichkeit also, die Sie in Erwägung ziehen sollten.

Literarische Verbände, Fördervereine, Schriftstellervereinigungen und Klubs tragen solchen Vorstellungen Rechnung und bringen von Zeit zu Zeit Anthologien mit Beiträgen ihrer Mitglieder heraus. Da die Initiatoren das Risiko der Edition nicht zu tragen vermögen, werden auch hier in der Regel Druckkostenzuschüsse oder Garantieabnahmen gefordert. Die Hauptabnehmer solcher Bücher sind die eigenen Vereinsschwestern und -brüder. In den Buchhandel kommen die Werke selten oder gar nicht. Es fehlt im Normalfall der Vertriebsapparat. Die Katze springt also auf die alten Füße.

Was ich Ihnen rate?

Bleiben Sie Realist, und machen Sie nicht Ihre Wunschträume zu Maßstäben Ihres Tuns. Tun Sie das Mögliche, das Erreichbare, und legen Sie die Latte niedriger, wenn Sie die Rekordhöhe nicht überspringen können. Haben Sie Geduld, und beweisen Sie Ausdauer und Stehvermögen. Schreiben Sie, schreiben Sie, wann immer Sie Lust dazu haben – und freuen Sie sich über jeden Abdruck in einer Tageszeitung oder in einem Wochenblatt. Es gibt nicht wenige, die Sie um solche Erfolge heftig und heiß beneiden.

Und geben Sie die Hoffnung nicht auf. Vielleicht fällt Ihnen der Hardcover eines Tages zu wie eine reifgewordene Frucht.

Die Mini-Story

Nicht die Butter aufs Brot,
keine großen Scheine – trotzdem
ihr Geld wert

Was ist eine Kurzgeschichte? An der Frage haben sich bis dato Literaturwissenschaftler die Zähne ausgebissen. Die Nuß, so scheint es, ist den gelehrten Häuptern zu hart, und so warten wir noch immer auf eine gültige Definition des Begriffs. Bis zu dem Tag, an dem wir erfahren werden, was wir aus berufenem Munde gerne hören möchten, müssen wir – Praktiker, die wir nun einmal sind – selbst bestimmen, was wir meinen, wenn wir von Kurzgeschichten sprechen.

Nun befaßt sich dieses Buch nicht mit Theorien, Thesen und Hypothesen, sondern gibt auf die handfeste Frage »Wie verkaufe ich meine Kurztexte?« praktikable Antworten, und deshalb lassen wir Untersuchungen über literarischen Wert, Inhalt, Gestaltung, Wesen, Aussagen und was dergleichen fundamentale Anliegen sein mögen, beiseite und stellen fest: Die Kurzgeschichte anno 1988 ist eine kurze Form der unterhaltenenden Prosa mit Textmassen zwischen 5000 und 15000 Zeichen (Anschlägen). Ungefähr! Ausnahmen darüber hinaus sind möglich, aber nicht einfach zu verkaufen – was darunter liegt, nennen wir der Einfachheit halber *Kürzestgeschichte.*

Auf der Suche nach neuen Absatzmöglichkeiten für meine Texte fiel mir auf, daß manche Publikationen, vor allem solche mit bunten Unterhaltungsseiten, neben Schachaufgaben, der Bridge- und Spielecke auch kurze Texte zum Abdruck bringen. Das geht von der Minierzählung über Glossen, Anekdoten bis herunter zum Witz.

Ich setzte mich hin und schrieb eine Reihe solch kleinster Geschichten. Jede nicht länger als um die 2000 Anschläge, und siehe da, seitdem finde ich diese Ministories immer wieder auf den besagten Seiten oder als Füller in irgendeiner Ecke.

Die Ministory ist, wie die Kurzgeschichte auch, ein Kind unserer schnellen Zeit. Das Angebot an Gedrucktem ist so groß geworden, daß sich nur ein kleiner Teil der Leser periodischer Druckschriften die Muße nimmt, längeren Texten Beachtung zu schenken. Die schnelle Information, der Kurzbericht – und in logischer Konsequenz die Kurzgeschichte und ihre kleinste Verwandte, die Kürzestgeschichte – kommen dem Leseverhalten eines breiten Publikums entgegen. Die gebotenen Chancen sollten wir nutzen.

Über Inhalt und Form dieser Kleinklein-Texte ist wenig zu sagen. Sie sind in der Nähe des Bühnen- oder Kabarett-Blackout angesiedelt. Es sind Blitzlichter, Momentaufnahmen. Der literarische und erzählerische Gehalt ist minimal. Das kann logischerweise gar nicht anders sein. Eines freilich ist unverzichtbar: eine gutsitzende, treffende Pointe. Sie sind in Wahrheit keine Erzählungen, keine Geschichten, oft kommt nicht viel mehr als ein verlängerter Witz oder ein hübsch zu lesendes anekdotisches Aperçu heraus.

Große Honorarerwartungen dürfen wir an die Kürzestgeschichte nicht stellen. Zwanzig, dreißig Mark, wenn es hoch kommt deren vierzig – mehr ist nicht drin. Also eine Sache für fleißige und bescheidene Versender. Übers Jahr gesehen aber können sie uns die Kosten unseres Schriftstellerunternehmens – und sogar noch etwas mehr – leicht in die Kasse bringen.

Die Kunden für Kürzestgeschichten müssen wir suchen.

Wir finden sie quer durch die Medienlandschaft bis hin zu Werk- und Kundenzeitschriften, und sogar Fachzeitschriften kommen – gelegentlich – als Abnehmer in Frage.

Der Zeit- und Arbeitsaufwand ist – sofern wir unser Aussendegeschäft gut organisiert haben – gering. Der Lohn ist es auch. Aber wie hat der Bauer gesagt? »Kleinvieh macht auch Mist!«

Wie Kürzestgeschichten aussehen können, dafür zwei Beispiele. *Geld vom lieben Gott* hat über hundert Abdrucke gebracht, bei *Vierzehnhundert Schritte* waren es immherin rund fünfzig.

2000–3000 DM für ein Manuskript von einer einzigen Schreibmaschinenseite? Das sind halbe 5000-Mark-Stories. Wenn ich richtig rechnen kann.

Geld vom lieben Gott

Das Leben schreibt zuweilen Geschichten, die sind so ausgefallen ungewöhnlich, so überraschend pointiert, daß sich ein Schriftstellerhirn schon sehr anstrengen müßte, wenn es Gleichwertiges erdenken wollte. Das Verhängnis ist nur, daß niemand die wahren Begebenheiten auch für das nehmen will, was sie sind. »Das hat sich unser Poet aber fein ausgedacht«, sagen meine Freunde, wenn ich ihnen von so einem ganz gewißlich wahren Ereignis erzähle. Es ist zum Verzweifeln, und wenn ich jetzt auch zwanzig Eide schwöre, daß sich die folgende kleine Episode genau so zugetragen hat, wie sie hier steht – glauben wird mir die Geschichte niemand. So ein herrlicher Spaß kann nach landläufiger Meinung einfach nur erfunden sein. Das Leben kennt dergleichen nicht! Niemals! Dazu ist es viel zu ernst.

In einem Dorf am Fuße des Wendelsteins im oberbayerischen Landkreis Aibling, kam eine Austragsbäuerin mit dem Geld nicht zurecht. Durchaus nicht! Wie sehr sie auch einteilte, es wollte nicht reichen. In ihrer Verzweiflung schrieb die einfältige Frau einen Bittbrief an den lieben Gott: »Lieber Herrgott, ich bin alt und arm und das Geld ist zu wenig. Ich weiß mir nicht mehr zu helfen. Bitte schicke mir 100 Mark. Aber bald!«

Sie adressierte den Brief an den lieben Gott, frankierte ihn und steckte ihn in den Kasten.

Der Postbote, der das Kuvert beim Sortieren in die Hand bekam, muß ein Witzbold gewesen sein; denn er mischte die Sendung mit der ungewöhnlichen Adresse unter die für das Finanzamt bestimmten Briefschaften.

Der Vorsteher dieser ungeliebten Behörde wiederum, zeigte eine ganz reglementswidrige Anteilnahme am Schicksal einer Mitbürgerin und veranstaltete unter den Mitarbeitern seines Amtes eine Geldsammlung für die arme Ökonomin. 70 Mark bekam er zusammen, und die schickte er denn auch umgehend an die Bäuerin ab.

Schon ein paar Tage später kam ein Dankesbrief.

»Lieber Herrgott«, schrieb die Beschenkte. »Ich danke Dir von Herzen für das Geld. Solltest Du mich aber wieder einmal bedenken wollen, dann bitte nicht über das Finanzamt. Die Spitzbuben haben von den 100 Mark nämlich gleich 30 Mark abgezogen.«

Vierzehnhundert Schritte

»Ziemlich genau eintausend und vierhundert Schritte sind es bis zu euch«, stellte Peter seinerzeit fest, als er uns zum ersten Mal von seiner Wohnung nach Hause begleitete. Wir hatten uns gewundert, daß er den ganzen Weg schweigend und anscheinend angestrengt dem Gespräch lauschend neben uns hergelaufen war. Wie sollten wir auch ahnen, daß er zählte. Peter ist Geometer. Er vermißt alles, und nichts Meßbares ist vor ihm sicher.

Im Laufe der Zeit wurde aus jenem ersten Kennenlernen eine Freundschaft, in deren Verlauf wir die Entdeckung machten, daß das Jahr viele Festtage haben kann, wenn zwei junge Ehepaare nur hartnäckig genug nach Gründen zum Feiern suchen. Heute, am Samstag, hatten wir unsere Freunde wieder einmal zu einer Sonntags-Vorfeier eingeladen. Wir freuten uns sehr auf die beiden.

Doch am Nachmittag rief Peter an. »Entschuldigt uns bitte, wir können leider nicht kommen«, sagte er.

»Wie schade!« Meine Enttäuschung war riesengroß. »Meine Eheliebste hat deinen Leibundmagenkuchen gebacken, und für die blaue Stunde habe ich eine Bowle von Walderdbeeren angesetzt. Was ist los mit euch? Warum müßt ihr plötzlich absagen? Es ist doch hoffentlich nichts passiert?«

»Eben doch«, kam es kleinlaut von drüben. »Mein Wagen ist kaputt. Er streikt. Der Motor springt nicht an. Verstehe bitte: Wir sind völlig immobil.«

Ich verstand. »Das ist in der Tat ein trifftiger Grund«, sagte ich. »Immerhin sind es bis zu uns ziemlich genau vierzehnhundert Schritte oder rund einskommaeins Kilometer, wie du seinerzeit ausrechnetest. Damals, meine ich, als du noch kein Auto in der Garage hattest.«

Lesungen in der Öffentlichkeit

oder:
Wie man durch Vorlesen seine Leser kennenlernt

Uns Leuten von der schreibenden Gilde wird zuweilen – nicht ganz zu Unrecht, wie ich meine – vorgeworfen, wir versteckten uns hinter Büchern und Schreibmaschine, bauten um uns allzugern Tabuzonen und verlören dadurch den Bezug zum Leben draußen, zur Alltäglichkeit.

Wird uns diese »Originalität« – oder sollte es eine Unart sein? – bewußt, mag uns schon einmal das Verlangen überkommen, aus dem Elfenbeinturm auszubrechen, uns nach draußen zu öffnen, den Kontakt zu anderen zu suchen und uns dem Leben in seiner pulsierenden Vielfalt zu stellen.

Ein Weg nach draußen ist die *öffentliche Lesung,* der persönliche Vortrag der eigenen Werke vor interessierten Mitmenschen. Lesungen sind in unseren Tagen »in«. Buchhändler, Volkshochschulen, literarische Vereinigungen, kunstbeflissene Zirkel und eine lange Reihe ähnlicher organisierter oder loser Interessentenzusammenschlüsse und -gemeinschaften initiieren ständig Lesungen mit Autoren.

Sollen wir uns stellen, uns an solchen Unternehmungen beteiligen, uns vor der Öffentlichkeit produzieren?

Sofern Sie passendes, auf den jeweiligen Zuhörerkreis zugerichtetes Textmaterial zur Verfügung haben und zudem ein einigermaßen guter Interpret Ihrer eigenen Werke sind, dürfen – nein, sollten Sie jede Gelegenheit, die man Ihnen bietet, auch wahrnehmen und lesen.

Mit Lesungen machen Sie Ihren Zuhörern Freude, viel Freude sogar. Ein Schriftsteller zum Anfassen ist für viele immer wieder ein besonderes Erlebnis.

Aber auch der eigene Nutzen aus solchen Veranstaltungen hat sein Gewicht. Sie lernen Menschen kennen, erleben Kritik aus erster Hand, finden Gelegenheit zum Gespräch und zur Diskussion. Sie werden Befriedigung und Genugtuung empfinden, und Ihr Selbstvertrauen bekommt eine Ermunterungsspritze. Ein immenser Erfahrungszuwachs also. Das macht Mut und Lust zum Weitermachen.

Freilich: Die Wahrscheinlichkeit, daß man ohne Ihr Zutun auf Sie zukommt, Sie einlädt, Ihnen sozusagen den roten Teppich ausrollt, ist gering. Sie werden schon auf sich aufmerksam machen, sich anbieten, mit den Veranstaltern Fühlung aufnehmen müssen. Vielleicht erweist es sich sogar als notwendig, so profane Dinge zu tun, wie Plakate zu kleben, Handzettel zu verteilen oder auf sonst eine Weise die Werbetrommel zu rühren. Macht nichts, die Hauptsache, die Leute kommen.

Schauen Sie sich um, versuchen Sie herauszukriegen, wer so etwas, wie Sie es vorhaben, anleiert. Es ist eine Erfahrungstatsache: Wer einmal eine Lesung organisiert hat, tut es wieder. Machen Sie sich deshalb mit Initiatoren bekannt, persönlich bekannt, meine ich, antichambrieren Sie, rücken Sie Ihre Fähigkeiten ins rechte Licht, wecken Sie Neugierde, und locken Sie ruhig mit dem, was sie zu bieten haben.

Vor allem außerhalb des Dunstkreises der großen Städte mit ihrem Überangebot an kulturellen Veranstaltungen ist das Interesse an Unternehmungen, die außerhalb der üblichen Kulturroutine und -geschäftigkeit liegen, groß. Geben Sie Anstöße!

Kulturämter, Bürgerforen, kirchliche Einrichtungen, Kindergärten, Jugendtreffs, Altersheime, Krankenhäuser, Schulen, Begegnungsstätten, Galerien und Vereine sind potentielle Kunden.

Ich habe schon vor einem Institut zur Ausbildung von Braumeistern Weihnachtsgeschichten gelesen, man hat mich zu Lesungen auf ein Kreuzfahrtschiff eingeladen, und einmal habe ich einer sehr ehrenwerten Vereinigung Hanseatischer Kaufleute mit unheimlichen Geschichten das Gruseln gelehrt.

Waren Ihre Texte gut auf Ihr Publikum abgestimmt, sind Sie »angekommen«, und haben Sie Ihren Zuhörern somit ein Aha-Erlebnis, wie man das wohl nennt, vermitteln können, wird man Sie wahrscheinlich nicht nur wieder einladen, sondern – was sehr wichtig für Ihren Veranstaltungskalender ist – auch weiterempfehlen.

Wie steht es mit der Honorierung bei Lesungen? werden Sie fragen. Zu Recht, denn wir wollen ja nicht die altruistischen Menschheitsbeglücker mimen, sondern unsere Ware verkaufen.

Die Situation ist hier von Fall zu Fall verschieden. Die finanzielle Potenz unserer Partner spielt dabei die entscheidende Rolle. Mit ins Kalkül setzen wir aber auch den Gewinn an Ansehen und Popularität, an Image, das uns zuwächst, und selbstverständlich ebenso den Spaß, die Genugtuung, die uns eine Lesung zu machen verspricht.

Wie auch sonst in unserem Gewerbe, gibt es für Lesungen keine Tarife. Wie gewohnt soll bei der Berechnung der Kosten das Honorar für den Vortragenden der kleinste Posten in der Kalkulation sein. Nach meinen Erfahrungen und nach dem, was ich bei Umfragen eruieren konnte, liegt das Mindesthonorar für eine einstündige Lesung bei 200 DM bis 250 DM plus Mehrwertsteuer. Grenzen nach oben gibt es nicht. Reise- und Hotelspesen gehen extra.

Treffen Sie mit Ihren Auftraggebern klare, unmißverständliche Abmachungen, und lassen Sie sich Ihr Honorar möglichst im voraus ausbezahlen. Wenn das nicht zu machen ist, verlangen Sie vom Verantwortlichen ein verbindliches Zahlungsversprechen.

Wie ich das hinschreibe, kommt mir ein peinliches Erlebnis in Erinnerung: Ein bekannter Kunsthistoriker hatte einen Vortrag in einem evangelischen Gemeindezentrum gehalten. Es war ein anregender Abend gewesen. Am Ende der Veranstaltung, die Besucher waren gerade im Aufbrechen, tönte die Pfarrersfrau – die offensichtlich zugleich die Verwalterin des Gemeindeschatzes war: »Jetzt müssen wir uns ja wohl oder übel auch über Ihr Honorar unterhalten, Herr Professor«, und zog ein großes Portefeuille, eines von der Sorte, wie sie es Bedienungen in Gasthöfen mit sich herumzuschleppen pflegen. Die Gesichtsfarbe des Gelehrten wechselte von Dunkelrot nach Kalkweiß. Es war ihm anzusehen, er fühlte sich in die schlimmste Verlegenheit gebracht. Das aber hinderte die couragierte Pfarrersfrau nicht, sogleich mit der »Auszahlung« zu beginnen, indem sie vor ihm Fünfmarkstücke, Zweimarkstücke, Einmarkstücke auf den Tisch zählte. Wahrscheinlich finanzierte sie das kulturelle Ereignis aus Mitteln der letzten Kollekte.

Was ich von Honorarfreiheit halte, ist an anderer Stelle nachzulesen. Nämlich nichts. Gar nichts!

In der Umgebung meines Wohnorts geistert eine bekannte Kinderbuchautorin durch Kindergärten und Schulen und hält Lesungen. Honorarfrei! Als sie von einem Kollegen deshalb angesprochen wurde, sagte sie in der gewinnendsten Weise: »Was soll ich mit den paar Mark, die ich hier verlangen kann? Die sind für den guten Zweck doch hergeschenkt.« Das mag für die Erfolgsdame zutreffen, ein anderer, der sich mit seiner Schreibe, trotz allen Fleißes, nicht mehr als den Fürsorgemindestsatz zusammenverdient, wird die Sache mit Sicherheit anders sehen.

Um keine falschen Vorstellungen zu kultivieren, soll an dieser Stelle klar gesagt sein, daß Lesungen in der Regel Kleinkleingeschäfte sind. Reichtümer sind dabei nicht zu erwerben. Das hängt, neben anderem, selbstverständlich mit der Zuhörerzahl zusammen. Mit der erwarteten und der dann tatsächlich kommenden. Und diese Zahlen sind in der Regel nicht berauschend.

Wenn an einem solchen Abend 30–50 Personen zusammenkommen, dann würde ich das als full house bezeichnen.

Auch zu diesem Punkt habe ich etwas aus eigenem Erleben beizutragen: Ende 1987 veranstaltete die in solchen Unternehmungen erfahrene Besitzerin einer hervorragend geführten Buchhandlung in einer oberbayerischen Kreisstadt eine Lesung mit der bekannten Schriftstellerin Leonie Ossowski (unter anderem »Weichselkirschen«). Frau Ossowski stand damals mit ihrem Roman »Wolfsbeeren« obenan auf der Bestsellerliste.

Die Veranstalterin, offenbar auf den Bekanntheitsgrad ihres Gastes spekulierend, hatte die Lesung nicht wie üblich in ihrer Buchhandlung veranstaltet, sondern einen kleinen Theatersaal angemietet. Das Risiko erschien ihr in diesem Fall gering.

Zu der Veranstaltung gekommen sind dann, sage und schreibe: acht Leute!

Nun müßte man die Hintergründe, die zu dem Flop führten, untersuchen. Vielleicht wurde an diesem Tag gerade ein Fußballänderspiel im Fernsehen übertragen, oder die Ortsvereine hatten allesamt Kneipenabend. Möglich auch, daß man im Vertrauen auf die Popularität von Frau Ossowski die Werbetrommel zu wenig rührte. An der Ignoranz der Kreisstadtbewohner dürfte es nicht gelegen haben.

Fazit: Ein großer Name garantiert bei Lesungen noch nicht den Erfolg, und wir, die wir mit Bestsellern ohnehin nicht dienen können, müssen für Reklame, das Trara und die Begleitmusik sorgen. Sprechen wir also mit dem zuständigen Redakteur der Lokalzeitung, bieten wir ein Interview an, und liefern wir dazu ein reproduktionsfähiges Fotoporträt von uns. Und lassen wir uns vor der Lesung schon einmal auf der einen oder anderen ähnlichen Veranstaltung sehen.

Nun gibt es freilich ein Handikap, das nur für den kein Problem ist, der etwas Gebundenes, einen Band seiner Erzählungen, vorzulegen hat: Viele Zuhörer möchten am Ende der Lesung etwas von dem Gehörten abgedruckt mit nach Hause nehmen oder am anderen Tag beim Buchhändler kaufen können. Haben wir nichts Derartiges vorzuweisen, ist die Enttäuschung groß.

Ein Rezept, wie dem Dilemma beizukommen ist, kenne ich nicht. Aber ich habe mir bei dieser oder jener Gelegenheit zu helfen gewußt: Die Texte, die für die Lesung vorgesehen waren, wurden zuvor auf dem Kopierer vervielfältigt und zusammengeheftet, und meine Frau hat die Skripts in der Pause und am Schluß für fünf Mark das Stück verkauft. Als ich die Exemplare für die Käufer auch noch signierte, gab es rundum zufriedene Gesichter.

Zum Schluß noch ein Tip: Geben Sie nicht der Versuchung nach, in einer einzigen Lesung Ihr ganzes Repertoire vor dem Publikum ausbreiten zu wollen. Seien Sie vielmehr sparsam mit Ihren schönen Texten. Es ist das Erzübel vieler Lesungen, daß zu viel und zu vielerlei gelesen und dabei die Aufmerksamkeit der Lauschenden überschätzt wird. Das anfängliche Interesse schlägt bald ins Gegenteil um, die Zuhörerbereitschaft läßt nach, und die Veranstaltung quält sich mühsam ihrem Ende entgegen. 60 Minuten reichen, um fünfzehn bis zwanzig Manuskriptseiten vorzulesen. Wird nach 30 Minuten eine Pause gemacht, in der das Publikum vielleicht Gelegenheit bekommt, sich mit dem Autor zu unterhalten oder mit ihm zu diskutieren, und rechnet man An- und Absage hinzu, dann ist so ein Abend nach eineinhalb bis allerhöchstens zwei Stunden gelaufen.

Ein Schriftstellerfreund hat sich für seine Lesungen etwas besonders Nettes einfallen lassen. Nach jeder Geschichte spielt seine Frau ein kleines Musikstück auf der Blockflöte. Vivaldi oder etwas ähnliches, glaube ich. Das kommt großartig an.

Richtig, die Sache wird problematisch, wenn die Schriftstellergattin nichts anderes versteht, als die Orgel zu schlagen.

Phantasie, Geschick und Einfallsreichtum, aber auch Selbstbewußtsein und Mut zum nicht Alltäglichen kann viel in Gang bringen. Und vergessen Sie nicht, die Presse zu Ihrer Lesung einzuladen. Am besten rufen Sie den Kulturreporter an oder, noch besser, machen Sie ihm zuvor Ihre Aufwartung. Sein Bericht hinterher ist eine Spitzenwerbung – und sie kostet Sie keinen Pfennig.

Alle Kinder sind darauf aus,
sich durchzusetzen gegen ihre Eltern,
gegen ihre Spielkameraden,
gegen das Leben.
Der zukünftige Autor gehört zu denen,
die entdecken,
wie diese Art des Sichdurchsetzens
erleichtert werden kann.

Thornton Wilder

Ein weißer Bogen Papier flößt Respekt ein,
er erfüllt einen mit einer Begierde, ihn zu beseelen.

Georg Christoph Lichtenberg

Wo das große Geld verdient wird

Die Publikumspresse unter der Lupe des Schriftstellers

Das einträglichste Geschäft in der Branche ist der Verkauf von Texten an die Publikumspresse, also an Illustrierte, Funk- und Fernsehprogrammzeitschriften, Unterhaltungszeitschriften, große Frauenzeitschriften, an die sogenannte Regenbogenpresse, die Yellow-Press oder, wie sie im Jargon heißt, die Sorayapresse.

Von solchen Publikationen werden für einen Kurzkrimi von 100 Schreibmaschinenzeilen bis zu DM 1500, für eine Love-Story oder einen sogenannten Kurzroman (Umfang 20000 bis 30000 Anschläge) DM 2500 und auch mehr bezahlt. Das ist Butter dick aufs Brot!

Sprechen wir zunächst von den Love-Stories und jener Kurzgeschichtengattung, die sich »abgeschlossener Roman« nennt, obwohl es sich in der Regel auch nur um kleine Liebesgeschichten handelt.

Gefragt ist trivialste, einfachste Strickart. Verfasser sind einmal Profis, Berufsschreiber, die sich auf diese Machart spezialisiert haben, zum anderen eine bedeutende Zahl nebenberuflicher Gelegenheitsschreiber. Das geht quer durch alle Professionen: Rechtsanwälte, Hausfrauen, Beamte, Handwerker, Ärzte, Lehrer, Kaufleute, Kindergärtnerinnen, Gastwirte. Ich habe einen Binnenschiffahrtskapitän kennengelernt, der sich ein Freizeitvergnügen daraus machte, Liebesgeschichten für eine Frauenzeitschrift zu Papier zu bringen, und zu meinem Freundeskreis gehört ein Verleger schöngeistiger Literatur, der sich mit seinen Kurzkrimis ein gutes Zubrot verdient.

Ich wüßte aber auch von Strafgefangenen zu berichten, die seit Jahren in ihren Zellen emsig Kurzromane verfassen – und gut im Geschäft sind.

Um bei den besagten Presseerzeugnissen zu reüssieren, sollte man Begabung für diesen Nebenast am Baum des modernen Schrifttums mitbringen. Erfolg haben nach meiner Beobachtung vor allem jene, die unbedarft und vorurteilslos, ich würde sagen mit einer von literarischen Ambitionen unbefrachteten Unbekümmertheit, ja Naivität an das Geschäft herangehen. Die Vorstellung, daß jeder, der brillante Shortstories zu schreiben versteht, auch ein erfolgreicher Love-Story-Macher zu werden vermag, ist nach meiner Erfahrung falsch. Schon mancher, der glaubte, solche Texte aus dem Ärmel schütteln zu können, hat eine Bauchlandung gemacht.

Bevor Sie darangehen, das »große Geld« ins Visier zu nehmen, machen Sie sich bitte erst einmal mit der Materie bekannt.

Es gibt hierzulande an die 50 Publikationen einschlägiger Art (s. Verzeichnis Seite 149–151). Kaufen Sie sich am nächsten Kiosk alle in Frage kommenden Blätter, und studieren Sie die abgedruckten Liebesgeschichten und abgeschlossenen Romane. Das ist die beste Methode, um die besondere Webart zu verstehen und ein Gefühl für den gewissen Sound, der all diesen Geschichten eigen ist, zu bekommen. Diese Vorstudien sind wichtig, wenn wir nicht in ein falsches Fahrwasser geraten wollen.

Sie werden schon bei flüchtigem Hinsehen feststellen, die *Sprache,* die da gefordert wird, ist schlicht, kunstlos, anspruchslos und primitiv. Wer es gewöhnt ist, aus einem unermeßlichen Sprachschatz zu schöpfen, wem guter Stil, Lautmelodie und Formulierungskunst etwas bedeuten, fährt hier mit dem falschen Dampfer.

Die *Handlungen* der Geschichten verlaufen geradlinig, undifferenziert, glatt und simpel. Tiefgründigkeit ist nicht gefragt, die Probleme müssen obenauf liegen.

Sie werden schnell dahinterkommen, wie unkritisch, einfältig, treuherzig und gefühlsverlogen das gemacht ist. Die Hauptzutat zu dem Gericht ist denn auch nicht Zucker, sondern Saccharin.

Hauptthema bei den Love-Stories ist die Liebe – was sonst? Gleichviel, ob diese im Grafenschloß oder in der Sozialwohnung stattfindet. Die große Liebe so gut wie die in die Irre gegangene. Dazu kommen Elemente wie Wünsche, Träume, Verlangen, der Drang nach sozialem Aufstieg, aber auch Eifersucht, Treuebruch, Suche nach der oder dem einen, Kinderprobleme, Geldaffären, liebende Aufopferung, Großherzigkeit und am Rande trivialer Alltagskram und in Maßen Erotik und Sex und tausend Dinge dazu, die in eines Menschen Leben eine Rolle zu spielen vermögen. Immer sind junge, schöne, idealisierte Menschen die Hauptpersonen.

Am Ende steht unweigerlich das Happy-End, das Ineinandersinken, die Verlobung, die Heirat, die Geburt eines Wunschkindes, das Zurückkommen des Ausreißers, die Genesung von schwerer Krankheit und dergleichen – und immer wieder die Liebe. Die alle Widrigkeiten überwindende, wundervolle, einmalige, ewige Liebe.

Der Raster ist also einfach, harmlos, unkritisch, unbedarft und arglos. Heile Welt! Gefragt sind Gefühle, Emotionen, Empfindungsfähigkeit, Rührseligkeit und Tränen. Das Schlimme, Schlechte und Böse kommt nur am Rande vor. Als Kontrast, der die Konturen des Guten, Lieben und Wahren deutlich machen soll.

Die Redaktionen der Unterhaltungspresse werden mit Manuskripten überschüttet. Das Angebot an Texten übertrifft den Bedarf um das Hundert-, wahrscheinlich sogar um das Tausendfache.

Viele Verlage haben deshalb so etwas wie Filter vorgeschaltet und decken ihren Bedarf bei Literaturagenturen. Diese selektieren im Vorfeld die Spreu vom Weizen.

Die *Wartezeiten* von der Annahme durch die Redaktion bis zum Abdruck eines Textes sind begreiflicherweise sehr lange. Es kann ein Jahr dauern, bis Sie Ihre Story im Blatt nachlesen können.

Verantwortlich für die Unterhaltungsseiten der Wochenblätter sind zum überwiegenden Teil Frauen. Frauen, die ihr Geschäft verstehen und enorm tüchtig in ihrem Fach sind.

Die Redaktionen haben, was die Textmasse der Beiträge angeht, die sie zum Abdruck vorsehen, klare und präzise Vorgaben. Also her mit dem Zeilenzähler und ausgerechnet, welche Textlängen von den einzelnen Blättern gefordert werden. Nicht zu viel und nicht zu wenig, sondern genau auf den Punkt schreiben!

Überbürden Sie den Redaktionen nicht Lektorats- und Korrekturarbeiten, und liefern Sie statt dessen Manuskripte nach der Norm.

Keine dicken Manuskriptbündel einsenden. Es soll ja nicht Ihr gesamtes Lebenswerk gedruckt werden. Zwei, höchstens drei Arbeiten bei einer Aussendnung sind richtig.

Alle Publikationen, von denen wir sprechen, gehören zur Gruppe der *überregionalen Blätter*. Deshalb nur unveröffentlichte Texte anbieten. Die eingesandten Manuskripte sperren, bis die Redaktion reagiert.

Im Gegensatz zu Tageszeitungen und Wochenblättern sind die *Prüfzeiten* bei der großen Publikumspresse im allgemeinen kurz. Im normalen Fall kommen Ihre Manuskripte nach 14 Tagen mit einem Absagebrief zurück, oder Sie haben einen Annahmebescheid in Händen. Bleibt ein Manuskript über diese Zeit liegen, dann trägt sich die Redaktion wahrscheinlich mit dem Gedanken, Ihren Text zu drucken.

Die Blätter der Publikumspresse sind die promptesten Zahler in unserem Gewerbe. In der Regel liegt die Geldanweisung acht Tage nach dem Abdruck auf Ihrem Schreibtisch.

Wahre Geschichten, die häufig in der Regenbogenpresse zu finden sind, werden im Regelfall nicht von den Lesern, sondern von Autoren, die dieses Genre beherrschen, geschrieben. Also einsenden, wenn Sie etwas Passendes haben.

Ein Wort noch zu den *Kurzkrimis:* Beim Studium der in Frage kommenden Blätter werden Sie sich gelegentlich fragen, wie es kommt, daß Texte von derartiger Ideenarmut, Spannungslosigkeit, gespickt mit Unwahrscheinlichkeiten und alberner Dümmlichkeit, ins Blatt kommen.

Warum der Kurzkrimi, übers ganze gesehen, hierzulande zur schlimmsten Niveaulosigkeit verkommen konnte, ist ein Phäno-

2 die zwei Fortuna Verlag
REDAKTION MÜNCHEN
8 München 40, Nordendstr. 64, Tel. 27270-321

HONORARABRECHNUNG

Titel/Thema	Preis			Bereits bezahlt	
	Rechnung vom	ohne Rechnung	MWSt	Betrag	Anweisung vom
1 Krimi: "Verzeih mir diesen grausamen Scherz"/R.Bianchi	-	1000,00	-	-	-

HEINRICH BAUER VERLAG

HAMBURG, DEN 09. NOVEMBER 1987

HEINRICH BAUER VERLAG
POSTFACH 100444, 2000 HAMBURG 1

G U T S C H R I F T S A N Z E I G E

AUTORENNUMMER : 7 42923 6

DAS NEUE BLATT WOCHE 46/87
S. 22 05.11.87

0,00 % MEHRWERTSTEUER

DM 2.000,00
DM 0,00
DM 2.000,00

die aktuelle
REDAKTION MÜN[...]
Nordendstraße 64, 8 München 40, Tel. (089) 3840266/7

Sehr geehrter Mitarbeiter,

bitte bewahren Sie diese Honorarabrechnung gut auf; aus technischen Gründe[...] es uns nicht mehr möglich, zu einem späteren Zeitpunkt Kontoauszüge zu erste[...] Beträge, zu Ihren Gunsten, sind – sofern von Ihnen keine Rechnung vorliegt – im [...] umrandeten Feld ausgewiesen. Stehen Ihnen mehrere Honorare für das gleiche [...] zu, werden Ihnen diese in einer Summe angewiesen.

HONORARABRECHNUNG

Honorarabtei[...]

	Titel/Thema	Preis		
		Rechnung vom	ohne Rechnung	MWSt
	Krimi: 'Erst sterben-dann erben' /Mike Redford	-	1.000.00	--

men, für das es keine plausible Erklärung gibt. Es ist ja nicht so, daß die Redaktionen nicht wüßten, was sie da publizieren, daß sie kritiklos und in puncto Qualität ahnungslos wären.

»Unser Publikum will es so«, hat man mir auf meine Vorhaltungen geantwortet. »Die Veröffentlichungen werden ständig, Woche für Woche getestet und die Resonanz beim Leser demoskopisch untersucht. Wir drucken nur, was ankommt.«

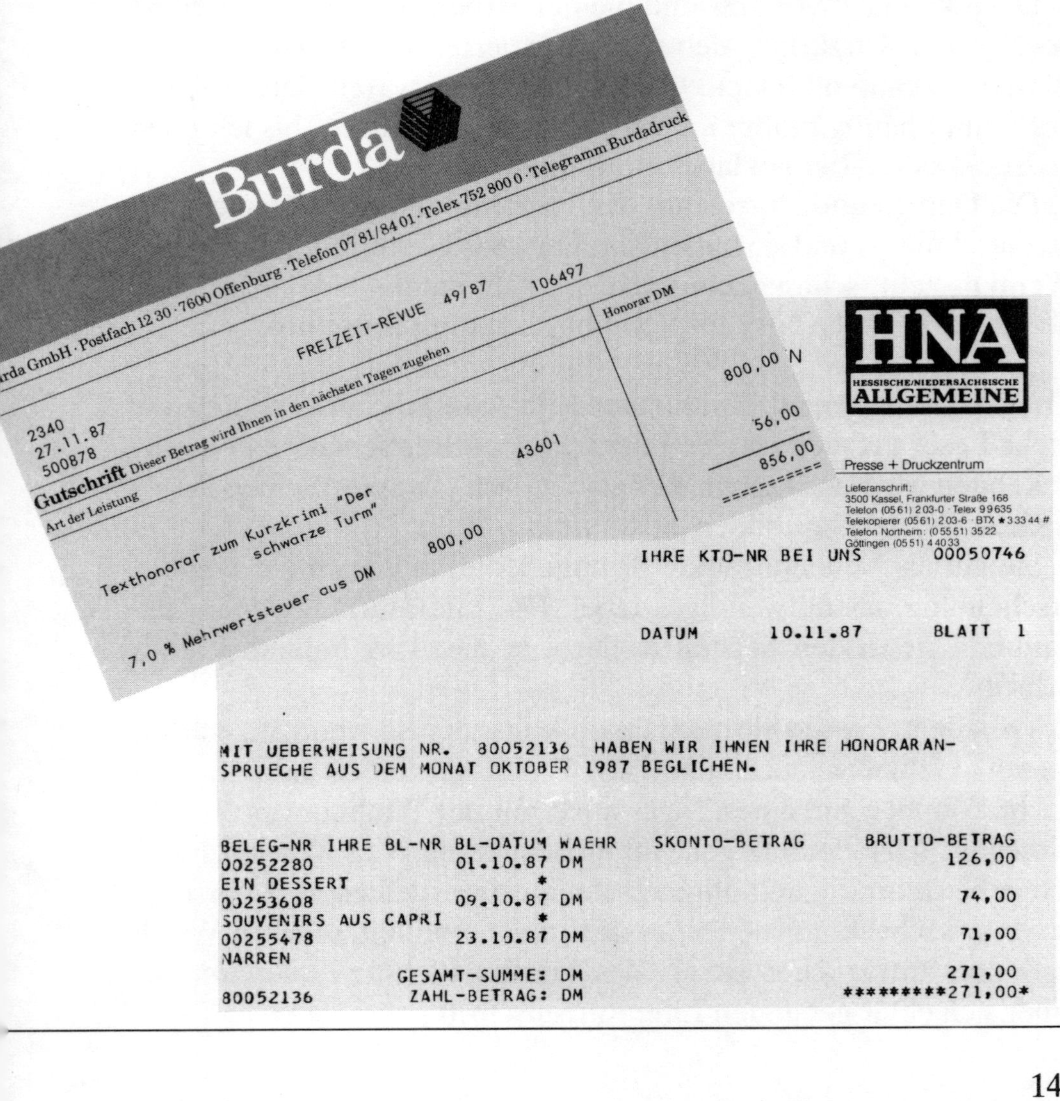

Burda

…rda GmbH · Postfach 12 30 · 7600 Offenburg · Telefon 07 81/84 01 · Telex 752 800 0 · Telegramm Burdadruck

FREIZEIT-REVUE 49/87 106497

Honorar DM

2340
27.11.87
500878

Gutschrift Dieser Betrag wird Ihnen in den nächsten Tagen zugehen

Art der Leistung

43601

Texthonorar zum Kurzkrimi "Der schwarze Turm" 800,00

7,0 % Mehrwertsteuer aus DM

800,00 N
56,00
856,00
===========

HNA
HESSISCHE/NIEDERSÄCHSISCHE ALLGEMEINE

Presse + Druckzentrum

Lieferanschrift:
3500 Kassel, Frankfurter Straße 168
Telefon (05 61) 203-0 · Telex 99635
Telekopierer (05 61) 203-6 · BTX ★33344 #
Telefon Northeim: (0 55 51) 35 22
Göttingen (05 51) 4 40 33

IHRE KTO-NR BEI UNS 00050746

DATUM 10.11.87 BLATT 1

MIT UEBERWEISUNG NR. 80052136 HABEN WIR IHNEN IHRE HONORARANSPRUECHE AUS DEM MONAT OKTOBER 1987 BEGLICHEN.

BELEG-NR	IHRE BL-NR	BL-DATUM	WAEHR	SKONTO-BETRAG	BRUTTO-BETRAG
00252280		01.10.87	DM		126,00
EIN DESSERT		*			
00253608		09.10.87	DM		74,00
SOUVENIRS AUS CAPRI		*			
00255478		23.10.87	DM		71,00
NARREN					
	GESAMT-SUMME:		DM		271,00
80052136	ZAHL-BETRAG:		DM		*********271,00*

Die Macher sind also genau über Publikumsgeschmack und -erwartungen informiert.

Was soll man ihren Argumenten entgegenhalten?

Trotzdem ist die Sache nicht aussichtslos.

Auch ich schreibe, wenn mir gute Einfälle zufliegen, immer wieder einmal Kurzkrimis. Nach den Regeln der Kunst gehäkelt, und bei der sprachlichen Ausgestaltung gehe ich nicht unter mein gewohntes Niveau. Ich denke gar nicht daran.

Dazu kann ich von mir und meiner Arbeit feststellen: Ich habe noch jeden Kurzkrimi, den ich produzierte, an eines der großen Blätter verkaufen können. Gewiß, manchmal waren viele Anläufe nötig, und häufig mußte ich verdammt lange warten, bis ich mich gedruckt sah. Aber geklappt hat es immer.

Die Damen und Herren aus den Redaktionen sind also nicht ohne Geschmack, und sie haben durchaus das Gespür für gute Texte. Wenn es geht, schmuggeln sie auch schon einmal eine Arbeit, die über dem üblichen Niveauspiegel liegt, in ihre Zeitschrift.

Trivialliteratur genießt hierzulande kein Ansehen. Sie erreicht zwar mehr Leser als jede andere Form des Geschriebenen, aber zu ihr bekennen wird sich keiner, der glaubt, sich etwas auf seinen literarischen Verstand einbilden zu können.

Sie gilt als Nebenprodukt, als ungeliebte, ja verachtete Begleiterscheinung, als notwendiges Übel. Die Literaturbeflissenen verdammen sie in den tiefsten Keller, auf die Abraumhalden, zum Schrott.

Trotzdem: Lassen Sie mich Ihnen Mut machen, wenn Sie sich auf diesem Gebiet versuchen wollen. Probieren Sie es getrost, vielleicht kommen Sie eines Tages auch mit der Publikumspresse ins Geschäft. Ich jedenfalls gehe ihr nicht aus dem Weg. Warum auch? Ich gebe freimütig und ohne rot dabei zu werden zu, daß ein Tausendmarkscheck von *›Quick‹* oder *›Bella‹* meinem inneren Wohlbefinden zuträglicher ist als das Fünfzig-Pfennig-Zeilenhonorar einer sich elitär gebenden Literaturzeitschrift.

Verzeichnis
der für die Textvermarktung wichtigsten
Publikumszeitungen und Journale

Alle in der folgenden Liste aufgeführten Publikumszeitschriften und Journale haben im Jahre 1987 Kurzprosa abgedruckt. Hauptsächlich Love-Stories, sogenannte Kurzromane, »wahre Geschichten« und Kurzkrimis. Die verlangten Textmassen sind bei den einzelnen Blättern unterschiedlich. Sie liegen zwischen 5400 und 45000 Anschlägen. Um bei diesen Blättern mit den Riesenauflagen und den fetten Honoraren ins Geschäft zu kommen, ist es notwendig, die Manuskriptlänge den Vorstellungen der Redaktionen exakt anzupassen. Abweichungen von diesen Vorgaben führen fast immer zu Ablehnungen. Deshalb: Vor der Aussendung Ansichtsexemplare besorgen und Textmenge auszählen.

auf einen Blick
Redaktion Romane + Serien
Postfach 100444
2000 Hamburg 1

die aktuelle
Redaktion Romane und Serien
Nordendstr. 64
8000 München 40

Bella
Redaktion Unterhaltung/Freizeit
Postfach 100444
2000 Hamburg 1

Bild + Funk
Redaktion Familien-Magazin
Postfach 810164
8000 München 81

Brigitte
Redaktion Unterhaltung
Postfach 302040
2000 Hamburg 36

Bildwoche
Redaktion Unterhaltung
Kaiser-Wilhelm-Str. 6
2000 Hamburg 36

Carina
Redaktion
Am Kestendamm 2
7600 Offenburg

Cosmopolitan
Redaktion
Schillerstraße 23a
8000 München 2

die zwei
Redaktion Unterhaltung
Nordendstr. 64
8000 München 40

Echo der Frau
Redaktion Romane
Postfach 2907
4000 Düsseldorf

Ein Herz für Tiere
Redaktion
Nordendstr. 64
8000 München 40

Frau im Spiegel
Redaktion Unterhaltung
Postfach 2139
2400 Lübeck 1

Frau mit Herz
Redaktion Romane/Serien
Postfach 720
7570 Baden-Baden

Freundin
Redaktion Unterhaltung
Postfach 810164
8000 München 81

Freizeit-Revue
Redaktion Romane und Serien
Postfach 1230
7600 Offenburg

Jahreszeiten-Verlag GmbH
Redaktion Für Sie
Ressort Aktuelles
Paßmoorweg 5
2000 Hamburg 60

Das goldene Blatt
Redaktion Romane + Serien
Postfach 200160
5060 Bergisch-Gladbach

Glücks Revue
Romane und Krimis
Postfach 1230
7600 Offenburg

Heim und Welt
Redaktion
Der abgeschlossene Roman
Am Jungfernplan 3
3000 Hannover 1

Redaktion
Journal für die Frau
Ressort Unterhaltung
Kaiser-Wilhelm-Str. 6
2000 Hamburg 36

Lady
Redaktion
Postfach 1222
7750 Konstanz

Madame
Redaktion
Magazinpresse Verlag
Postfach 201726
8000 München 2

Mädchen
Redaktion
Medit Verlag GmbH
Werinherstraße 71
8000 München 90

Mini
Redaktion Unterhaltung
Postfach 2267
7550 Rastatt

Maxi
Redaktion . . . und außerdem
Postfach 100444
2000 Hamburg 1

Das Neue Blatt
Redaktion Romane +
Unterhaltung
Postfach 100444
2000 Hamburg 1

Neue Post
Redaktion Roman + Serien
Postfach 100444
2000 Hamburg 1

Neue Welt
Redaktion Romane + Serien
Postfach 8509
4000 Düsseldorf

neue mode
Redaktion Unterhaltung
Postfach 100444
2000 Hamburg 1

Neue Revue
Redaktion Serien + Romane
Postfach 100406
2000 Hamburg 1

Pabel Verlag
Redaktion Romanwoche
Postfach 2346
7550 Rastatt

7 Tage
Redaktion Unterhaltung
Postfach 720
7570 Baden-Baden

Style
Redaktion
Kanalstraße 10
4040 Neuss

TV-Hören + Sehen
Redaktion Romane + Serien
Postfach 100444
2000 Hamburg 1

Weltbild
Redaktion
Postfach 100085
8900 Augsburg

Wochenend
Redaktion Unterhaltung/
Schmunzelgeschichten
Postfach 100444
2000 Hamburg 1

»Wenn ich ein Buch zu schreiben beginne,
sage ich mir nicht:
›Ich werde jetzt ein Kunstwerk schaffen.‹
Ich schreibe es,
weil ich irgendeine Lüge aufdecken,
auf irgendeine Tatsache aufmerksam machen möchte,
und meine vordringliche Sorge ist,
gehört zu werden.«

George Orwell

»Die produktiven Schreibkräfte,
ohne die die reproduzierenden Medien
und ihre unverhältnismäßig hochdotierten
sogenannten Macher nicht existieren können,
müssen sich teuer machen.«

Heinrich Böll

Eine ganz starke Sache:

Heimat-, Volks- und Bauernkalender – eine ernst zu nehmende Zielgruppe

Das Feld, auf dem wir mit unterhaltender Kurzprosa agieren können, wird, soweit es die Positionen der traditionellen Abnehmer unserer Texte anbetrifft, peu à peu kleiner. Die sogenannten Magazinteile der Tages- und Unterhaltungspresse, Funk- und Fernsehbeilagen, tagesbezogene Features, die enorm ausgeweiteten Reiseteile und noch einiges dazu haben der Verbreitung der Kurzgeschichte, der Erzählung, aber auch der kleinen Satire, der Glosse und der Anekdote Abbruch getan.

Längere Texte, wie Novellen oder große Erzählungen, tun sich in der Printmedienlandschaft schwer. Bitter schwer!

Selbst so großartige Shortstory-Schreiber wie Ernest Hemingway, Tatjana Blixen oder ein Somerset Maugham hätten in den periodischen Druckwerken von heute so gut wie keine Chance.

Doch so hoffnungslos, wie es nach solchen Feststellungen erscheinen mag, ist die Situation auch wieder nicht. Andere Möglichkeiten, unsere Arbeiten zu publizieren, haben sich aufgetan. Firmenzeitschriften, Haus- und Kundenzeitungen bieten sich an, auch Fachzeitschriften bringen zu bestimmten Gelegenheiten Leselektüre, vorausgesetzt, die Texte haben einen themenbezogenen Kern.

Wie in jedem anderen Business, geht es auch im Schreibgeschäft darum, Marktlücken und interessante Zielgruppen ausfindig zu machen. Manchmal bedarf es nur eines Denkanstoßes, um Redaktionen dahin zu bringen, in ihrem Blatt dem informellen Teil auch Unterhaltendes beizustellen.

So ist es mir erst vor kurzer Zeit gelungen, die Hauszeitschriften zweier Versicherungsgesellschaften zu Kunden zu machen, indem ich sie keß anschrieb: ». . . wie wäre es, wenn Sie Ihren Lesern außer den doch recht gewürzlosen Geschäftsberichten, neben Protokollen von Vorstands- und Verkaufsleiterzusammenkünften, Bilanzen, Erfolgstabellen und Kostenaufstellungen auch Lesestoff für den Feierabend anböten? Sie könnten die Attraktivität, den Beachtenheitsgrad Ihrer Mitarbeiterzeitschrift erheblich vergrößern. Wer die Kurzgeschichten liest, schaut sich auch die Pflichtveröffentlichungen und Hausinformationen an . . .«

So ein Anstoß wird, wie könnte es auch anders sein, natürlich nicht immer mit Begeisterung aufgenommen. Manche Redakteure empfinden derartige Rippenrempler anmaßend und werten sie als Einmischung in ihren Job. Das gilt es, in Kauf zu nehmen.

In beiden Fällen, an die ich hier denke, lief die Chose aber nach Wunsch. Das eine Blatt druckt jetzt Beiträge für Kinder, das andere amüsante Alltagsgeschichten und gelegentlich auch einmal eine hübsche Glosse.

Bei einer Reise durch das Ruhrgebiet ist mir eine Story aus dem Bergmannmilieu eingefallen. Ich habe sie Werkzeitschriften im Revier und im Saarland angeboten. Obwohl keines dieser Blätter für gewöhnlich unterhaltende Beiträge bringt, wurde meine Geschichte abgedruckt. Hier hat das Thema eben gestimmt.

Eine andere Geschichte, die sich mit dem Schicksal geistig- und körperbehinderter Kinder auseinandersetzt, konnte ich bei Zeitschriften, die sich an Eltern und Pflegebeauftragte dieser Menschen wendet, placieren, obwohl auch diese Blätter erzählende Beiträge bisher nicht gedruckt hatten.

Bei einem Waldspaziergang kam mir ein Text zugeflogen, der später in Jägerzeitungen aufgenommen wurde. Einer der Redakteure schrieb mir, er hätte bisher nur Fachartikel gebracht.

Auf meinen Reisen lasse ich mich inspirieren und bringe jedesmal unterhaltende Texte mit, die ich – wenn auch nicht ohne Schwierigkeiten – in den Sonderseiten und Beilagen *Reise – Ferien – Urlaub* unterbringe.

Freilich, es bedarf einer stets wachen Aufmerksamkeit, es gehört »Nase« dazu, um die Lücken im Zaun zu finden.

Am Ende dieses Kompendiums über die Vermarktung unserer Texte komme ich auf Druckmedien zu sprechen, die unsere Aufmerksamkeit im besonderen Maße verdienen. Es sind die Heimat-, Volks- und Bauernkalender und die christlichen Hauskalender.

Auf den Seiten 160–163 finden Sie ein Verzeichnis aller in der Bundesrepublik Deutschland, in der Schweiz und in Österreich erscheinenden Kalender, die unterhaltende Texte drucken.

Diese Liste ist ein Geschenk an meine Leserinnen und Leser. Eine solch vollständige Auflistung ist nach meiner Kenntnis bisher nirgends erschienen. Ich habe Jahre gebraucht, um sie zusammenzutragen und zu komplettieren.

Es bedeutet mir eine große Freude, sie jetzt – zu Ihrem Nutzen – erstmals veröffentlichen zu können. Ich bin sicher, sie verhilft Ihnen dazu, den einen oder anderen Text unterzubringen, vor allem solche, die bisher – ihrer Länge wegen – als so gut wie unverkäuflich galten.

Ich beliefere Kalender seit vielen Jahren mit meinen Texten. Es ist ein ruhiges, angenehmes Arbeiten.

Wie bei jedem anderen Geschäft gibt es auch für die Zusammenarbeit mit Kalendern bestimmte Spielregeln. Ich werde sie Ihnen verraten.

Zunächst etwas zur Charakteristik, der besonderen Eigenart der Kalender:

Zielgruppen sind in erster Linie die bäuerliche, ländliche Bevölkerung, die Bewohner von Klein- und Mittelstädten und gläubige Menschen.

Über die Altersgruppierung der Leser besitze ich keine gesicherte Erkenntnisse, aber meine lange Kalenderpraxis erlaubt mir den Schluß, daß es in erster Linie Menschen jenseits der Vierzig sind, die gerne in *ihrem* Kalender lesen. Sie stellen die treueste und anhänglichste Leserschaft. Seit einigen Jahren geben sich die Kalendermacher aber große Mühe, auch Leser aus jüngeren Bevölkerungsschichten zu gewinnen. Verständlich, denn ohne Nachwuchsleserschaft wären die Kalender eines Tages tot.

Kalender erscheinen einmal im Jahr. Der Umfang reicht von ca. 50 bis ca. 250 Seiten.

Redakteure sind – neben hauptberuflich tätigen Verlagsangehörigen – pensionierte Schriftleiter, Lehrer, Heimatkundler, Geistliche, auch ein gelernter Schriftsetzer und ein aktiver Politiker sind unter meinen Kalendermännern.

Die Texte, die wir an Kalender hinausgeben, müssen dem geistigen Umfeld, der gesellschaftlichen Zugehörigkeit und den Leseerwartungen der Käufer angepaßt sein. In der Grundtendenz sind Kalender vordergründig konservativ, bewahrend. Also kein Experimentierfeld für progressive Literatur. Trotzdem ist das Themenspektrum verhältnismäßig weit. Immer noch werden Johann Peter Hebel und Jeremias Gotthelf, Hermann Löns, aber auch Stefan Andres, Josef Martin Bauer, Manfred Hausmann, Ernst Heimeran, Siegfried Lenz, Werner Bergengruen, Heinz Piontek, Friedrich Schnack, Wolfdietrich Schnurre, Theodor Weißenborn und viele andere und selbstverständlich der unverwüstliche Fritz Müller-Partenkirchen gedruckt.

Kalendergeschichten müssen in erster Linie unterhaltsam und spannend sein, sie sollen zur Besinnlichkeit, aber auch zum Nachdenken anregen. Ausgerichtet sind diese Geschichten an der Liebe zur Heimat und zum ländlich-kleinbürgerlichen Lebens- und Kulturkreis, an der besonderen Anteilnahme am Schicksal des anderen, des Nachbarn und Mitmenschen, und an einer gläubigen Einstellung zu Kirche und Gott.

Nicht mehr gefragt sind volkserzieherische und moralisierende Geschichten. Dafür treten andere Elemente, wie Spannung und die Übertragbarkeit der dargebotenen Inhalte auf die eigenen Lebensumstände, in den Vordergrund. Von den Traktatgeschichten alter Strickmuster wollen die Kalendermacher von heute nichts mehr wissen. Ausnahmen bestätigen lediglich diese Erfahrung.

Wichtig für die Lyriker unter meinen Lesern: Gute, die Kalenderleser ansprechende Gedichte sind den Schriftleitern immer willkommen.

Kalendergeschichten sind Texte zum Lesen, auch zum wiederholten Lesen – und zum Weitererzählen. Den Umstand gilt es bei der Auswahl unserer Texte im Auge zu behalten.

Liebe ist immer ein Thema für einen Kalender, Sex dagegen ist verpönt, Spannung, Aufregung, Abenteuer, selbst Sensationen ja, – Mord und Gewalt sind tabu. Demnach: Wenn schon ein Krimi, dann ohne Blut und Leichen.

Wenig Anklang fand ich mit Themen, die sich am Rande der Politik und Gesellschaftskritik bewegten. Aber Humor ist interessant und auch der handfeste bis derbe Witz – nur keine Zoten!

Verlangt werden kurze Beiträge. Aber auch Texte um die 15000 Anschläge – und gelegentlich darüber – sind unterzubringen. Das macht die Kalender für uns besonders interessant.

Fast alle Kalender leiden unter Auflagenschwund, viele haben ums wirtschaftliche Überleben zu kämpfen. Ich kenne welche, die aus Gründen der Tradition – viele Kalender erscheinen seit 100 Jahren – von der Mutter, also dem Verlag, subventioniert werden. Entsprechend müssen wir unsere Honorarerwartungen ansetzen.

Aber, wem vorrangig nicht so sehr am Geld liegt, sondern wer eher eine gutgestrickte, große Geschichte gedruckt sehen möchte, der ist bei den Kalendern an der richtigen Adresse.

Redaktionsschluß, und damit letzter Termin für die Einreichung der Manuskripte, ist in der Regel der Herbst für den Kalender des *übernächsten* Jahres.

Bevor Sie anhand meiner Adressenliste wild darauflos Aussendungen machen, rate ich, sich Ansichtsexemplare zu besorgen. Kalender haben individuelle Gesichter, in manchen wird das ganze Jahrwerk unter ein bestimmtes Motto gestellt, andere haben besondere berufliche, gesellschaftliche oder religiöse Tendenzen.

Das alles gilt es zu ergründen. Kostenlos wird man Ihnen die Ansichtsexemplare wahrscheinlich nicht schicken. Aber die geringen finanziellen Aufwendungen für einen Einmalbezug lohnen sich allemal. Ich kenne jedenfalls keinen Kalender, der mehr als zehn Mark kosten würde.

Haben Sie das Ansichtsexemplar erst in Händen, können Sie die Textmassen auszählen und sich gleichzeitig über Art und Genre des Druckwerks gut informieren.

Begleitbriefe zu den Aussendungen sind nach meiner Erkenntnis unerläßlich. Schreiben Sie nett und persönlich, zeigen Sie sich kooperationsbereit. Kalendermacher sind für solch freundliches Interesse sehr empfänglich.

Und noch etwas: Kalendermacher wollen auswählen. Deshalb immer mehrere Arbeiten unterschiedlicher Art und Länge einsenden.

Über meine Aussendungen führe ich eine eigene Kalenderkartei mit Manuskript- und Kundenbüchlein und Manuskriptkarte und Kundenkarte. Ansichts- und Belegexemplare archiviere ich selbstverständlich, damit ich sie bei der nächstjährigen Aussendung zur Hand habe.

1987 habe ich einen Band mit Kalendergeschichten herausgegeben (Das Schönste aus Bauern- und Heimatkalendern, Landwirtschaftsverlag, Münster, ISBN Nr. 3-7843-1246-2, Preis DM 28,–). In diesem Band können Sie nachschauen, wie es andere machen.

Auf Seite 199 finden Sie eine Erzählung (»Hase auf bretonische Art«), die so etwas wie eine klassische Kalendergeschichte darstellt. Sie ist bis jetzt ca. 100mal erschienen, davon vierzigmal in Kalendern. Auch eine 5000-Mark-Story also.

Verzeichnis
aller für die Vermarktung von Kurzprosa wichtigen Kalender

Jeder der in der folgenden Liste aufgeführten Kalender hat in der Ausgabe 1988 Kurzgeschichten und Gedichte abgedruckt.

Gefragt waren alle Längen von der Kürzestgeschichte und dem 4-Zeilen-Gedicht bis zu Erzählungen von 15000 Anschlägen – und gelegentlich auch mehr.

Paulinus Kalender
Redaktion
Postfach 3040
5500 Trier

Allgäuer Heimat Kalender
Redaktion
Postfach 1129
8960 Kempten

Steierischer Bauernkalender
Redaktion
Reitschulgasse 3/I
A-8011 Graz

Reimmichels Kalender
Exlgasse 20
A-6020 Innsbruck

Salzburger Bauernkalender
Redaktion
Bergstraße 12
A-5020 Salzburg

Landkalender
Redaktion
Bürgergasse 11
A-8011 Graz

Bauernkalender
Redaktion
Postfach 135
A-1014 Wien

Granatapfel-Kalender
Redaktion
Große Mohrengasse 9
A-1020 Wien II

Landwirtschaftlicher Genossenschafts-Kalender der Zentralschweiz
Redaktion
Postfach 74
CH-6403 Küssnacht am Rigi

Pallotiner Kalender
Redaktion
6250 Limburg/Lahn

Der altbayerische Volks- und Heimatkalender
Redaktion
Postfach 91
8930 Passau 2

Schwäbischer Hauskalender
Redaktion
Ludwigstraße 2
8900 Augsburg

St. Heinrichskalender
Redaktion
Laubanger 23
8600 Bamberg 2

SOS-Kinderdorf-Kalender
Redaktion
Postfach Nr. 2
A-6020 Innsbruck

Rheinischer Bauernkalender
Redaktion
Bonnerstraße 108
5300 Bonn-Duisdorf

Monika-Kalender
Redaktion
Postfach 239
8850 Donauwörth

Caritas-Kalender
Redaktion
Postfach 420
7800 Freiburg

Der Lahrer hinkende Bote
Redaktion
Postfach 2120
7630 Lahr

Pilger Kalender
Redaktion
Postfach 162
6720 Speyer

Heimatkalender
für die Lüneburger Heide
Weidekamp 5
3160 Lehrte/Immensen

Schwäbischer Bauernkalender
Redaktion
Pfullinger Straße 95
7000 Stuttgart 70

Neuer Schreib-Kalender
Redaktion
Verlag Johanna Steinhauser
Eberhardstraße 8
8960 Kempten

Schwäbischer Heimatkalender
Redaktion
W. Kohlhammer Verlag
Heßbrühlstr. 69
7000 Stuttgart 80

Konrads-Kalender und
Theresien-Kalender
Schriftleitung
Röteweg 13
7800 Freiburg

Kath. Volks- und Hauskalender
Redaktion
Postfach 4280
7302 Ostfilden

Ursberger Kalender
Redaktion
8909 Bayersried-Ursberg

Tierschutz Jahrbuch
Redaktion
Tierschutz Verlag
Breitenfurter Straße 66
A-1120 Wien

Oberfränkischer Heimatkalender
Redaktion
Postfach 2360
8580 Bayreuth 2

Schwarzwälder Hausschatz
Redaktion
7238 Oberndorf

Deutscher Hauskalender
Redaktion
Postfach 160
3500 Kassel-Wilhelmshöhe

Don Bosco Kalender
Redaktion
Sieboldstraße 11
8000 München 80

Jahrbuch für die Katholiken
des Bistums Linz
Kapuzinerstr. 84
A-4020 Linz

Sudetendeutscher Kalender
Redaktion
Postfach 284
8000 München 40

Kalender für Gesunde
und Kranke
Redaktion
Südliches Schloßrondell 5
8000 München 19

Christlicher Familienkalender
Redaktion
Postfach 1602
4300 Essen 16

Kalender für Blindenfreunde
Gutenbergstraße 7
A-9020 Klagenfurt

Deutscher Kriegsopfer-Kalender
Redaktion
Autharistraße 15
8000 München 90

Der Wendelstein-Kalender
Rathausstraße 4
8200 Rosenheim

Vorarlberger Volkskalender
Redaktion
Vorarlberger Verlagsanstalt
A-6850 Dornbirn

Waldeckischer Landeskalender
Redaktion
Postfach 380
3540 Korbach

Sankt Michaels Kalender
Redaktion
Postfach 2460
4045 Nettetal 2

Der Landwirt-Kalender
Redaktion
Postfach 1709
7500 Karlsruhe

St. Gabriel-Kinderkalender
Redaktion
Missionshaus St. Gabriel
Abt. Zeitschriften
A-2340 Mödling

Michaelskalender
Missionhaus St. Gabriel
A-2340 Mödling

Jahrbuch für das Bistum Limburg
Liebfrauenplatz 10
6500 Mainz

Österreichischer Pensionisten-
Kalender und Der gute Kamerad
O.Ö. Kriegsopferkalender
Redaktion
Figuliystraße 23
A-4020 Linz

Michaelskalender
Redaktion
CH-6312 Steinhausen

Ein Nachwort für meine Freunde, die Lyriker

Wenn Sie mich – verehrte Leserinnen und Leser – fragen, warum ich in diesem Buch etwas tue, was vor mir – nach meinem Wissen – keiner unternommen hat, nämlich die Erfahrungen aus mehr als 30 Jahren Schriftstellerdasein vor Ihnen auszubreiten, wenn ich ohne Zurückhaltung aus dem Nähkästchen plaudere und Berufsgeheimnisse, Tricks und was weiß ich noch bis zur Selbstentkleidung preisgebe, habe ich darauf eine klare, offene Antwort:

Ich habe in meiner Tätigkeit als Berater einer Literaturagentur erlebt, wie hilflos Schriftstellerkollegen – nein, nicht nur die Gelegenheits- und Nebenberufsschreiber, sondern anmerkenswerterweise auch so mancher Profi – den Problemen des Medienmarktes gegenüberstehen. Wie wenig sie die Spielregeln beherrschen und wie oft sie gerade das Aussichtslose, das Falsche, um nicht zu sagen das Selbstzerstörerische, tun. Das zu sehen, war zuweilen geradezu beängstigend. In einem Berufungs-Stand, der ein festgeschriebenes Berufsbild nicht kennt, keine verbindlichen Normen, keine Tarifverträge und keine allgemeingültigen Taxen, sind viele, allzu viele außerstande, sich im Irrgarten des Kommerz zurechtzufinden.

Ihnen will ich helfen, jenen Tei ihrer Tätigkeit, mit dem sie auf dem Kriegsfuß stehen, besser zu durchschauen, ich will ihnen Handreichungen bieten, mit den Alltagsmiseren und Problemen der Textvermarktung fertig zu werden, und ich will ihnen Mut machen. Sie sollen die Früchte ihrer Arbeit bei trockenem Wetter einbringen.

Auch wenn solche Worte pathetisch klingen und auf die Gefahr hin, daß dieser oder jener die Redlichkeit meiner Absichten in Frage stellt, es ist dennoch so, daß dieses Buch vordergründig aus Solidarität für alle jene entstand, die weniger Talent fürs Administrative, weniger Geschäftstüchtigkeit und Cleverness besitzen als ich.

Damit aber wäre ich schon bei dem, was ich an dieser Stelle nachtragen möchte.

Als ich dieses Werk konzipierte, war es für mich selbstverständlich, daß ein Kapitel meinen Freunden – den Lyrikern – gehören würde. Klarer Fall, dachte ich. Gerade ihnen, den Sensibelsten, Verwundbarsten unter uns, die sich fast unisono außerstande sehen, Gedicht und Geld unter einen Hut zu bringen, hätte ich gerne die Leiter zum zählbaren Erfolg gehalten.

Diese Absichten sind in einer Sackgasse geendet. Das totale Desaster.

Ich mußte erfahren: Mit Lyrik ist in dieser Zeit und in diesem Land kein Geschäft zu machen. Nicht einmal das kleine. Wen immer ich an Redakteuren, Lektoren und Verlagsleitern interviewte, anschrieb, ausfragte, antelefonierte: es war überall das gleiche. »Lyrik? Eine wunderbare Sache!« – »Ich liebe die Lyriker!« – »Ich kenne nichts Schöneres als Gedichte lesen.« – »Lyrik? Was wollen Sie, ich drucke doch hin und wieder ein Gedicht!« – »Lyrik ist Spitze. Die höchste, die geläutertste Form unserer Literatur!« – »Den Lyrikern muß unter die Arme gegriffen werden. Unter allen Umständen!«

So oder so ähnlich klangen die Sprüche.

Alles leeres Stroh! Abwiegelndes Gerede!

Gedichte in Tageszeitungen oder Wochenzeitungen unterzubringen – von der Publikumspresse gar nicht zu reden – gleicht einem Roulettespiel. Rien ne va plus!

Und wenn wirklich einmal veröffentlicht wird, dann schaut im Einzelfall als Honorar weniger heraus, als man braucht, um eine ordentliche Mahlzeit zu bezahlen.

Man rede mir nicht von den Erich Friedschen Lyrik-Bestsellern oder den Millionenauflagen Brechtscher Verse. Das sind, verzeihen Sie mir den profanen Vergleich, Sechser im Lotto.

Ziehe ich das Resümee aus den von mir mit sturer Hartnäckigkeit betriebenen Recherchen, komme ich zu dem Ergebnis: Mit Lyrik ist heutzutage nicht das Salz an die Suppe zu verdienen.

Das Literaturkonzert findet sozusagen ohne die wohlklingendsten Instrumente statt.

Übt Nachsicht mit mir, Lyrikfreunde, wenn ich das so nüchtern, hart und pfahlgerade hinschreibe! Ich weiß, es ist schlimm, aber es ist die Realität. Leider!

Einer von euch, der sich in seiner Verzweiflung ratsuchend an mich wandte, sagte am Ende eines langen, traurigen Gespräches: »Ich muß trotzdem schreiben. Muß, obwohl ich weiß, daß ich dabei hungern werde.«

Dem schlimmen Wort habe ich nichts hinzuzufügen.

Was ist ein Typoskript – was ist Feedback?

Begriffe,
Fachausdrücke, Tips und Hinweise
von A – Z

Abo-Zeitung Tageszeitung mit einer Leserschaft, die das Organ im festen Abonnement bezieht. Die *Kaufzeitung* dagegen findet ihren Absatz am Kiosk und im Straßenverkauf.

Abstand zur Arbeit nehmen ist wichtig. Wildes Drauflosschuften endet häufig im Chaos. Gedanken und den Arbeitsplatz – bevor es losgeht – ordnen! Am Anfang steht die Frage: Was will ich eigentlich?

Adaption Anpassung (Übernahme). Z. B. Übertragungen von Form- und Stilelementen oder Textteilen aus einem Fremdtext in einen eigenen.

Anschlagszahl Summe der Buchstaben (Zeichen, einschließlich Satzzeichen) eines Manuskriptes. Jede Betätigung der Leertaste wird genauso als Anschlag mitgezählt wie der Leerraum zwischen dem letzten Anschlag und dem Zeilenende.

Ansichtsexemplar kostenfrei gelieferte Nummer einer Zeitung oder Zeitschrift zum Zwecke des Kennenlernens.

Anthologie Auswahlband, z. B. Sammlung von Erzählungen.

Anzeigenblätter kostenlos zugestellte, zeitungsähnlich aufgemachte Blätter, deren Zweck die Verbreitung von Anzeigen ist. Manche A. bringen auch Kurzgeschichten.

Arbeitshonorar feste Teilvergütung für eine bestellte Arbeit.

Auftragsarbeiten sind der Zucker in unserem Alltagskaffee. Doch was tun, wenn Sie Grund zu der Vermutung haben, der Besteller sei in puncto Cash ein unsicherer Kantonist? Holen Sie eine Auskunft ein. Ist das nicht machbar, verlangen Sie einen angemessenen Vorschuß. Dann erfahren Sie schnell, was mit Ihrem Kunden los ist. Und noch eines: Vereinbaren Sie *vor* der Übernahme des Auftrags *schriftlich* die beiderseits zu erbringenden Leistungen. Mündliche oder telefonische Vereinbarungen sind im Falle eines Falles nichts wert.

Arbeitszimmer unter bestimmten Vorraussetzungen dürfen Sie den Mietanteil für ein Arbeitszimmer in Ihrer Wohnung von der Steuer absetzen. Fragen Sie beim Finanzamt nach, oder lassen Sie sich von Ihrem Steuerberater sagen, wo es langgeht.

Ausfallhonorar wird für redaktionelle Beiträge bezahlt, die von der Redaktion angenommen oder abgefordert wurden, aber aus redaktionellen Gründen nicht erschienen.

Ausland die Anschriften deutschsprachiger Blätter im Ausland finden Sie im »Stamm«. Ein interessanter Markt für unsere Geschichten ist nur Österreich und die Schweiz. In allen übrigen Ländern, zum Beispiel Südtirol, Elsaß, USA, Brasilien, Argentinien ist wenig zu verdienen.

Autorenlexikon das beste ist Kürschners Jahrbuch (Verlag W. de Gruyter, Postfach 110240, 1000 Berlin 11), es erscheint alle drei bis vier Jahre. Die Eintragungen sind kostenlos. Preis 1984 DM 364.–. Nächste Ausgabe 1988/89. Ich kenne kein anderes Autorenverzeichnis, das es wert wäre, in die Hand genommen zu werden. Ich erinnere mich, daß vor wenigen Jahren ein cleverer Drucker eines herausbrachte, aber nur solche Literaturschaffenden darin aufnahm, die bereit waren, für den Eintrag einen Hundertmarkschein hinzulegen. Was dabei herauskam, läßt sich leicht ausrechnen. Für den Verkauf unserer Arbeiten sind solche Werke bedeutungslos. Kein Redakteur, kein Verlag würde es sich einfallen lassen, mit ihrer Hilfe Autoren zu suchen. Deshalb empfehle ich: Wenn es nichts kostet, lassen Sie sich eintragen, wann immer man Sie dazu einlädt. Für einen Eintrag Geld hinlegen? No! Kaufen Sie für den eingesparten Betrag lieber gutes Papier zum Vollschreiben.

Autorennummer von Verlagen zur Erleichterung des Zahlungsverkehrs mit dem Autor zugeteilte, gleichbleibende Mitarbeiternummer.

Autorenverbände literarische Gesellschaften und Vereinigungen gibt es in der Bundesrepublik viele. Die mitgliederstärksten sind der »Verband deutscher Schriftsteller in der Industriegewerkschaft Druck und Papier« (VS) (Stuttgart, Friedrichstraße 15) mit 2400 Mitgliedern und der »Freie Deutsche Autorenverband« (FDA) München, Pacellistraße 8, mit 1200 Mitgliedern. Ein Verzeichnis der A. ist gegen DM 1,30 in Briefmarken für Portoauslagen beim Verlag KOMMA-PRESS, 8038 Gröbenzell, zu haben.

Aufwendungen für Bücher, Zeitschriften Büromaterialien, Porto, Rechnungen des Schreibbüros, Reisen etc. sind für nebenberuflich tätige Autoren von der Steuer absetzbar. Steuerberater fragen! Vereinnahmte Mehrwertsteuer müssen Sie an das Finanzamt abführen.

Belegstücke sollten Sie nach jedem Abdruck von der Redaktion erhalten. Heutzutage sparen sich allerdings immer mehr Verlage die Mühe, welche zu verschicken. Monieren Sie. Aber nicht rigide, sondern mit einem netten Brief, und begründen Sie Ihre Bitte damit, daß Sie ohne Belegstücke Ihre Manuskriptbuchhaltung nicht in Ordnung halten können.

Boulevardpresse hauptsächlich im Straßenverkauf vertriebene Zeitungen.

Büroutensilien auch wenn Ihr Betriebchen klein ist, suchen Sie sich für die Beschaffung dieser notwendigen Nebensächlichkeiten einen guten, zuverlässigen Dauerlieferanten, der Ihnen Vorzugspreise einräumt. Beim Schreibwarenhändler an der Ecke müssen Sie Apothekerpreise bezahlen.

Copyright internationale Bezeichnung für das Urheberrecht an Werken der Literatur.

Dankesbriefe nach jeder Annahme an die Redaktion zu schreiben, ist albern und bringt nichts. Ich bekunde meinen Dank bei der nächsten Aussendung mit einer handschriftlichen Zeile am Ende des Begleitbriefs. In besonderen Fällen, etwa wenn ein Honorar besonders üppig ausfiel, ist ein extra Dankesbrief schon angebracht.

Diskette Floppy-disk, als Datenspeicher dienende Magnetplatte. Zubehör der Schreibautomaten mit Diskettenstationen. Wichtig für die Speicherung von Texten.

Edition Herausgabe eines Buches.

Einrücken Zurücksetzen oder Einziehen eines Zeilenanfangs am Beginn eines Absatzes.

Einschreiben bei umfangreichen Manuskriptsendungen angebracht. Bei Kurztexten Portoverschwendung. Ein Kollege hat sich dadurch bei einer Agentur unbeliebt gemacht, daß er alle Einsendungen per Einschreiben schickte. Die Besitzerin der Einmannagentur, eine Nachtarbeiterin und demzufolge Spätaufsteherin, bekam jedesmal einen Wutanfall, wenn sie wegen der Pingeligkeit meines Freundes im Negligé seinen Einschreiber in Empfang nehmen mußte.

Eitelkeit verkauft sich schlecht und steht deshalb in unserem Streben nach Erfolg im Weg. Radschlägereien bringen nichts vorwärts, sondern schaffen eher ein mieses Image.

Erstrecht Erstabdruckrecht, Berechtigung zur Erstveröffentlichung eines Textes.

Exklusivrecht wird dem Erwerber mit der Maßgabe eingeräumt, daß bis zum Abdruck eines Textes an niemand anderen eine Rechtsübertragung erfolgt (s. Erstrecht).

Exposé Entwurf, Übersicht, hier kurze inhaltliche Zusammenfassung eines längeren Textes.

Feature Fachausdruck für eine journalistische Arbeit, in der ein aktuelles oder allgemein interessierendes Thema in lebendiger und anschaulicher Art sachlich fundiert dargeboten wird.

Feedback soviel wie Rückkopplung. Erwarten Sie keine solche in Form von Leserzuschriften. Zufriedene Leser schreiben gar nicht oder nur selten und außerdem geben die Redaktionen solche freundlichen Kritiken häufig nicht an den Autor weiter. Wahrscheinlich fürchten Sie, er könne größenwahnsinnig werden.

Feuer Wasserschäden, Verwüstungen können über Nacht Ihre Manuskripte vernichten. Was dann? Ich hinterlege von allen Manuskripten ein Exemplar im Haus eines Freundes. Wenn Sie die Ausgabe nicht scheuen, können Sie auch einen Banksafe mieten oder Mikrofilme anfertigen lassen.

Finanzamt informieren Sie sich dort oder bei Ihrem Steuerberater über die steuerliche Behandlung Ihrer Honorareinnahmen. Auch wenn Sie nur nebenberuflich schriftstellern! Selbst wenn Sie das als

Einmischung in Ihre persönlichen Angelegenheiten werten sollten, die Steuereinnehmer sind wild darauf, sich an Ihren Einkünften zu beteiligen.

Füller — kleiner Text, um eine Lücke im Layout einer Seite der Zeitung oder Zeitschrift zu füllen.

Futterneid — Konkurrenzdenken, Nachreden bis zur Häme sind in Kollegenkreisen üblich und an der Tagesordnung. Drehen Sie den Spieß um, und reden Sie nett von Kollegen, auch wenn Sie diese nicht ausstehen können.

Geduld — wichtige Autorentugend.

Gelassenheit — erledigen Sie Ihre Verrichtungen mit unerschütterlicher Ruhe. Vom Schreiben bis zum Versenden. Auch wenn's manchmal schwerfällt. Sorgen Sie dafür, daß Sie bei der Arbeit von störenden Geräuschen und häuslichen Problemen verschont bleiben. Schalten Sie öfter einmal ab. Abschalten mobilisiert Kräfte.

Geschenke — an Redakteure werden von diesen in der Regel zwar angenommen, aber nach der Erfahrung nicht honoriert. Manche Kollegen von der anderen Seite des Schreibtischs werten Geschenke sogar als Bestechungsversuch. Ähnliches gilt für Einladungen zu einem Restaurantessen oder zu sich nach Hause. Probieren Sie es trotzdem, und sammeln Sie Erfahrungen.

Gesinnungspresse — Zeitungen, die herausgebracht werden, um eine bestimmte publizistische Absicht zu verwirklichen. Gegensatz: *Geschäftspresse,* die auf weltanschauliche und politische Meinungen verzichtet.

Gesperrt — Hervorheben von Wörtern durch große Abstände zwischen den einzelnen Buchstaben.

Gewerbe gleichviel, ob Sie Schriftstellern als Brotberuf oder nebenher betreiben, es gilt nicht als gewerbliche Berufsausübung. Sie brauchen sich also nicht beim Gewerbeamt zu melden. Das Finanzamt freilich verlangt, daß Sie Ihre (Einkommens-)Karten auf den Tisch legen.

Handbücher ein guter Schreiber braucht für seine Arbeit keine komplette Bibliothek an Nachschlagewerken. Ich habe in Griffnähe zu meinem Arbeitsplatz ganze 20 Bücher stehen:

Duden Rechtschreibung
Duden Fremdwörterbuch
Duden Zweifelsfälle der deutschen Sprache
Duden Grammatik
Duden Bildwörterbuch
Handlexikon (in einem Band)
Lexikon der Zitate, Sprichwörter und Redensarten (auch als Taschenbuch im Handel)
Satzzeichenlexikon
Synonymwörterbuch
dann den STAMM (s. dort)
und den Kürschner (s. Autorenlexikon)
ferner
Presse-Handbuch Österreich (A-1010 Wien, Schreyvogelgasse 3)
Media-Daten, Schweiz (CH-8030 Zürich, Kurhausstr. 13)
Anschrift deutscher Verlage (Schillerbuchhandlung, 5000 Köln 41, Guldenbachstraße 1)
Internationales Handbuch für Rundfunk und Fernsehen (Hans Bredow Institut, 2000 Hamburg 13, Heimhuderstraße 21)
Handbuch für Autoren (Grafenstein-Verlag, 8000 München 60, Thuillestraße 9)

Grundgesetz/Presserecht/Urheberrecht (alle drei als Taschenbücher im Handel) Posttarif und Postleitzahlenverzeichnis.

Handwerkszeug nützlich sind, abgesehen von dem Instrumentarium, das jeder von Haus aus hat: Schreibautomat, Originalpapier-Kopiergerät, Handdiktiergerät, Selbstklebe-Etiketten, Zeilenzähler, Briefwaage.

Hardcover Buch mit festem Einband.

Hörfunk die meisten Rundfunkstationen senden – regelmäßig oder gelegentlich – literarische Kurztexte. Ein Verzeichnis aller Hörfunkanstalten verschickt der Verlag KOMMAPRESS gegen DM 1,30 in Briefmarken.

Illustrierte Publikumszeitschriften mit Großauflagen, die mehrfarbig bebildert sind.

Initialen große Anfangsbuchstaben bei Kapitelanfängen.

ISBN-Nummer Internationale Standard-Buch-Nummer. Das System zur numerischen Identifizierung aller neu erscheinenden Buchtitel in der Welt.

Kaufzeitungen (Boulevardzeitungen) Zeitungen, die überwiegend im Einzelnummernverkauf auf der Straße abgesetzt werden.

Kolumne Teil einer Druckseite.

Kritik lassen Sie sich nicht von miesen Kritikern verrückt machen. Auch Literatur-Nobelpreisträger wurden von Kritikern in die Pfanne gehauen. Lieber eine schlechte Kritik als gar keine!

Künstler in Not umfassende Informationen über das soziale Hilfsnetz in »Künstler in Not« (DuMont Buchverlag, 5000 Köln).

Kürzungen eines Textes sind manchmal unumgänglich. Es entspricht einer alten Erfahrung, daß Texte durch Kürzungen eher gewinnen als verlieren.

Kundenzeitschriften zeitschriftenähnlich aufgemachte Werbeblätter, die vom Herausgeber kostenlos an Kaufinteressenten verteilt werden.

Layout typographische Gestaltung einer Druckseite durch ausgewogene Anordnung von Text- und Bildelementen.

Lektor literarisch versierter Mitarbeiter bei Buchverlagen, der für das Verlagsprogramm mitverantwortlich zeichnet und Autorenmanuskripte prüft und redigiert.

Lexikon unentbehrliches Hilfsmittel für jeden Schriftstellerbetrieb. Nützlich ist neben einem modernen Lexikon ein uraltes. Möglichst aus dem Ende des vorigen Jahrhunderts. Geschichten, Erdkunde und Geisteswissenschaften wurden damals viel ausführlicher behandelt als in Nachschlagewerken jüngeren Datums. Immer eine Fundgrube an Informationen.

Literaturzeitschriften es gibt hervorragend gemachte, von literarischem Wert, daneben viel Durchschnitt. Die einen leben von der Erfüllung eines gewissen Anspruches, die anderen häufig nur vom Geltungsbedürfnis ihrer Herausgeber. Bei den ersteren ist nur sehr schwer und nur mit substantiellen Texten, sowohl was den Inhalt als die Form betrifft, anzukommen. Die anderen sind für uns, die wir unsere Texte nicht nur gedruckt, sondern auch honoriert sehen wollen, in der Regel uninteressant. Meistens steht unseren Honoraransprüchen der Drucker mit seinen unbezahlten Rechnungen im Wege. (Beim Verlag KOMMA-PRESS, 8038 Gröbenzell, ist gegen DM 1,30 in Briefmarken eine Liste mit Literaturzeitschriften zu haben.)

Love-Story	Liebesgeschichte.
Marginalien	Randbemerkungen.
Manuskript-papier	verwenden Sie kein Büttenpapier oder etwas ähnlich Kostbares, sondern nehmen Sie schlichtes weißes Schreibmaschinenpapier, 70 – 80 Gramm schwer. Für die Durchschläge meiner Korrespondenzen verwende ich nicht das altväterliche Kohlepapier, sondern selbstdurchschreibendes Kopierpaier (Actrion von Wiggins Teape Europe Ltd.). Es läßt sich leicht handhaben, ist sauber und wirtschaftlich.
Marketing	Absatzpolitik, Verbesserung der Absatzmöglichkeiten.
Massenmedien	Presse, Film, Funk, Fernsehen.
Minuskel	Kleinbuchstabe.
Normalpapier-Kopiergerät	schaffen Sie sich, wenn es Ihre Umstände nur einigermaßen gestatten, eines an. Es wird Ihnen unschätzbare Dienste leisten. Mit seiner Hilfe lassen sich viele Arbeiten schnell und gut erledigen. Sie gewinnen Zeit für Ihre Schreibe. Steht noch kein Kopiergerät in Ihrem Arbeitszimmer, dann ziehen Sie Ihre Kopien auf einem Fremdgerät. Nur: Alle Manuskriptkopien, die Sie aussenden, müssen gestochen scharf sein.
Normalzeile	im Zeitungs- und Zeitschriftenwesen eine Druckzeile von 34 – 40 Buchstaben.
Normen	die geschriebenen oder üblichen Regeln, nach denen Autor, Verlag und Redaktion miteinander verkehren.
Originalbeiträge	s. Originaltext.
Original-manuskript	auch Muttermanuskript (Mutter, Archivexemplar). Von ihm werden die Kopien für die Aussendung gezogen. Bleibt stets beim Autor.
Originaltext	noch nicht veröffentlichter Text.

Plagiat	vorsätzliche Verletzung des Urheberrechtes.
Paperback	Buch mit kartoniertem Einband.
Printmedien	Druckmedien, Druckerzeugnisse, die zur öffentlichen Verbreitung bestimmt sind (Zeitungen, Zeitschriften, Bücher).
Probearbeit	Abfassung eines Textes auf Probe ohne verpflichtende Zusage des Auftraggebers, diesen auch zu drucken. Riskant! Deshalb Vorsicht bei solchen »Aufträgen«.
Pseudonym	Sie können sich Ihren Künstlernamen in den Reisepaß oder in die Kennkarte eintragen lassen. Fragen Sie Ihre Meldebehörde.
Publikumspresse	auch Publikumszeitschriften. Zeitschriftentitel, die sich mit allgemeiner Thematik an eine breite Öffentlichkeit wenden. Hierher gehören die großen Millionenwochenblätter.
Recherche	Erkundung eines Sachverhaltes.
Schriftmasse	der gesamte Text eines Manuskripts. Wird in Anschlägen (Zeichen) ausgedrückt.
Selbstverlag	Herstellung und Vertrieb einer Druckschrift durch den Verfasser im eigenen Namen und für eigene Rechnung.
Selbstvermarktung	der Direktverkauf von Texten an Verlage, Zeitungen, Zeitschriften, Rundfunk, etc.
Sperrung	siehe Verbreitungsschutz.
STAMM	Presse und Medienhandbuch. Nachweis und Beschreibung aller in Deutschland erscheinenden periodischen Druckschriften. Dazu brauchbarer Auslandsteil. Derzeit beste Informationsquelle dieser Art und unentbehrliches Kompendium für alle, die ihre Texte an die Presse verkaufen wollen. (Stamm-Verlag, D-4300 Essen 1, Goldammerweg 16, erscheint jährlich, Preis ca. DM 130,–.)

Strecken — Verlängerung eines an sich fertigen Textes durch Hinzu- und Einfügungen.

Sujet — Stoff, Vorwurf einer literarischen Darstellung.

Titel — die Überschriften unserer Geschichten sind wichtige Verkaufshilfen. Auch die beste Story verkauft sich schlecht, wenn sie einen nichtssagenden Allerweltstitel trägt. Titeln kann gelernt werden. Eine bewährte Methode: Schlagzeilen in der Presse nach Brauchbarem durchforsten und Schlagworte in Inseraten beachten. Das sind Fundgruben für uns. Ein guter Titel hat nicht mehr als vier Worte, und er soll etwas mit der Geschichte zu tun haben, der er vorsteht. Edward Albee hat den Titel für seinen Welterfolg »Wer hat Angst vor Virginia Woolf?« auf der Wand einer Toilette in einem Schulhaus entdeckt.

Titelschutz — der urheber- und wettbewerbsrechtliche Schutz eines Titels (§ 16, Abs. 1 Urheberrechtsgesetz).

Typometer — Zeichenmesser. Einfaches Instrument zur schnellen Bestimmung der Zeilenzahl eines Druckwerkes. Die Skala des T. erlaubt die Messung verschiedener Schriftgrade.

Typoskript — Synonym für druckfertiges Manuskript.

Urheberrecht — das Verwertungsrecht des Verfassers eines Schriftwerkes (§ 11 Urheberrechtsgesetz).

Verbreitungsgebiet — Region, innerhalb der eine Publikation regel- und gleichmäßig verteilt wird.

Verbreitungsschutz — Gebietsschutz/Sperrung, die verbindliche Versicherung des Autors, einen bestimmten Text im Verbreitungsgebiet einer Zeitung oder Zeitschrift oder eines anderen Printmediums gleichzeitig keiner anderen Publikation zum Abdruck anzubieten. Bei überregionalen Zeitungen und

	Zeitschriften, auch bei Funk und Fernsehen, bedeutet Verbreitungsschutz: Der Text ist zugunsten des entsprechenden Organs reserviert, also für die ganze Bundesrepublik gesperrt.
Versalien	Großbuchstaben.
Verwertungsgesellschaft Wort	nimmt für Autoren jene urheberrechtlichen Nutzungsrechte wahr, die durch den einzelnen nicht wahrgenommen werden können. Wahrnehmungsberechtigter kann jeder werden, der über Rechte verfügt, die im Wahrnehmungsvertrag genannt sind. Der Abschluß des Vertrages ist kostenlos. Es entstehen auch keine Folgekosten. Die VG Wort nimmt derzeit die Rechte von ca. 90000 Autoren wahr. Infomaterial anfordern! (VG Wort, München, Goethestraße 49).
Yellow Press	Gelbe Presse. Gebräuchliche Bezeichnung für reißerisch aufgemachte illustrierte Zeitschriften mit hohen Auflagen.
Zeichen	andere Bezeichnung für Anschläge.
Zeilenausgänge	Zeilenende. Unregelmäßige Z. = der Leerraum zwischen dem letzten Zeichen und dem rechten Druck- oder Manuskriptrand.
Zeilenhonorar	Bemessung des Honorars für einen redaktionellen Beitrag nach der Anzahl der abgedruckten Zeilen.
Zeilenzähler	s. Typometer.
Zettelkasten	legen Sie einen an. Kleiner Karteikasten mit Karten im Format 14,5 x 10,5 cm und Alphabetregister genügt. Schreiben Sie alle Einfälle, Beobachtungen, Erlebnisse, Daten, Hinweise, Informationen, kurz alles, von dem Sie glauben, daß es Ihnen irgendwann einmal bei Ihrer Arbeit nützlich sein könnte, auf. Wer notiert – vergißt nicht!

Begriffe – Stichworte

nicht ganz ernst zu nehmend

Abschreibtisch	Synonym für Plagiatoren-Arbeitsstelle.
Abkupfern	klammheimliche illegale Vereinnahmung von Texten, die das geistige Eigentum eines anderen sind.
Anruf-beantworter	Gerät zur Abwehr lästiger Anrufer, wenn der Poet um 12 Uhr mittags noch im Bett liegt, anstatt an seinem Schreibtisch zu fronen.
Bankdirektor	höherer Vertreter einer Branche, die Schriftsteller für total kreditunwürdige Anarchisten hält.
Bescheidenheit	Verlegerschlagwort und erste Grundtugend eines Schriftstellers.
Gotteslohn	die einzig garantierte Gegenleistung für schriftstellerische Tätigkeit.
Honorar	der in der Regel unzureichende, aber trotzdem nur widerwillig gegebene Lohn für schriftstellerische Tätigkeit.
Honorarfreier Abdruck	Sphärenmusik für Redakteure.
Inhaltsverzeichnis	der meistgelesene Text eines Buches.
Kopf	größtes Kapital des Schriftstellers.
Literaturpreis	an Schriftsteller ausgehändigte milde Gaben zur Beruhigung des Gewissens der Spender.
Manuskripte	sofern auf weiches, reißfestes Papier geschrieben, Toilettenartikel für Redakteure.
Muse	kußfreudiges, aber unzuverlässiges Schriftstellerliebchen.
Pegasus	Transportmittel für Poeten. Attischer Herkunft. Ende des 20. Jahrhunderts durch das häßliche Entchen ersetzt.
Postfreistempler	Apparat zum Frankieren von Postsachen größenwahnsinniger Schriftsteller.
Pseudonym	Tarnkappe für Musensöhne.
Schriftstellerei	äquilibristischer Hochseilakt ohne kommerzielles Fangnetz.

Zum Exempel:

5 Bestseller-Stories,
jede gut und gern 5000 Mark
wert

Als der Mann das Geschäft betrat, faßte Monsieur Duval mit der Hand nach dem Alarmknopf.

»Sie wünschen?« fragte er gepreßt und versicherte sich mit einem schnellen Blick, daß die Sprühdose mit dem Tränengas an dem gewohnten Platz stand.

»Ich möchte einen Schmuck kaufen«, sagte der Mann und legte seinen verbeulten, speckigen Hut auf den Ladentisch. Er hatte brandrote Haare, sein Gesicht war von Falten zerfurcht wie ein Sturzacker.

Der Juwelier schluckte mit trockener Kehle. »Einen Schmuck? Gewiß, mein Herr.« Monsieur Duval war der erste Juwelier des Arrondissements und galt als das Musterbeispiel eines Grandseigneurs alter Schule. Er verbeugte sich höflich vor seinem seltsamen Kunden.

»Sie haben schöne Sachen hier«, sagte der Mann und deutete auf die ausgelegten Geschmeide. Seine Jacke war an den Ellenbogen durchgestoßen. Er trug trotz der schneidenden Kälte keinen Mantel; das Hemd wurde am Hals von einem Schnürsenkel zusammengehalten.

»Ich führe nur besonders erlesene Stücke«, sagte Monsieur Duval betont und kam vorsichtig hinter seinem Pult hervor.

»An was haben Sie gedacht, mein Herr?«

Der andere kratzte sich den Stoppelbart. Er roch ungebadet und nach Flußwasser und Teer.

»Etwas besonders Hübsches und außergewöhnlich Apartes muß es sein«, sagte er bedächtig. »Es ist für eine junge Dame.« Er sah Monsieur an; er hatte dunkle wie Jett schimmernde Augen. »Meine Kenntnisse von diesen Dingen«, er machte eine ausholende Geste nach den Vitrinen, »meine Kenntnisse davon sind gering. Ich muß mich auf Ihren Rat verlassen.«

Durchdringend und nicht ohne Mißtrauen betrachtete er den Juwelier.

Abermals dienerte Monsieur Duval: »Dieses Geschäft ist eines der ältesten seiner Art in Paris. Zu seinen Kunden zählten Fürsten und Könige.«

Der Mann kramte in den Hosentaschen und förderte eine Handvoll Banknoten zutage. »Sehen Sie zu, was sich daraus machen läßt«, grinste er verlegen und legte das Geld auf den Tisch. Die Scheine waren vielmals gefaltet, sie waren abgegriffen und schmutzig.

»Mehr habe ich nicht«, meinte er und zuckte mit den Schultern. Er stand ein wenig zusammengesunken vor dem Juwelier, seine Augen hingen erwartungsvoll an dessen Mund.

»Würde ein Modeschmuck, in Simili etwa, nicht für Ihre Zwekke . . .?«

»Nichts da«, der Mann wischte den Vorschlag vom Tisch wie eine lästige Fliege. »Echt muß er sein. Zählen Sie?«

Monsieur Duval sortierte das Geld. »Es ist ein hübscher, runder Betrag«, sagte er schließlich und lächelte liebenswürdig.

»Nicht wahr«, meinte der Mann. »Es ist viel Geld. Sehr viel Geld.« Seine Augen streichelten die Scheine.

Einen Augenblick bedachte sich Monsieur Duval, dann ging er in das Comptoir und schloß den Tresor auf. Er entnahm dem Safe ein Etui und breitete den Schmuck vor seinem Kunden aus. Es war ein Halsgeschmeide aus mattem, gleichsam patiniertem Silber. Beste Handwerksarbeit, spitzenzart wie Filigran. Dazu legte er ein paar Ohrringe aus demselben Material und von der gleichen Machart. Der Mann nahm den Schmuck vorsichtig zwischen seine ungefügen Finger. »Wie die feinste aller Spitzen ist das«, murmelte er. »Es wird sie königlich kleiden.«

»In der Tat«, bestätigte Monsieur Duval. »Diese Garnitur ist ein subtiles Stück bester Silberschmiedekunst. Zeitlos und keiner Mode unterworfen . . .«

»Wird es reichen?« unterbrach ihn der andere und deutete auf das Häufchen Banknoten.

»Es reicht!«

»Gut, packen Sie ein.« Er schien plötzlich erregt. »Packen Sie ein, und schicken Sie einen Boten damit ins Hotel BELVEDERE.«

Monsieur Duval hielt einen Notizblock in der Hand.

»Schreiben Sie: Für Mademoiselle Durand. Evelyn Durand. Haben Sie?«

»Sehr wohl, mein Herr. In wessen Auftrag soll der Schmuck überreicht werden?«

»Ach so, daran habe ich gar nicht gedacht.« Der Mann kratzte sich unter der Achsel. Er überlegte. Schließlich meinte er: »Legen Sie eine Karte dazu, und schreiben Sie darauf: Mit Dank von Marcel, dem Clochard.«

»Von Marcel, dem . . .«, Monsieur Duvals goldener Crayon schien sich bei dem Wort zu sträuben; aber dann schrieb er schließlich doch: Von Marcel, dem Clochard.

Der Mann stand vor dem Juwelier und plagte sich sichtlich mit einer Erklärung. Seine Finger malträtierten nervös die Krempe seines Hutes. »Sie ist schön wie eine Göttin«, sagte er kaum hörbar. »Ich habe sie in einem Film gesehen. Ein Engel ist sie. Gestern ging sie über den Pont Neuf, wo ich meinen Platz habe, und stellen Sie sich vor«, er senkte den Blick, »sie hat mir zugelächelt. Bedenken Sie: Die große Durand hat mich angelacht . . .« Seine Stimme versickerte. »Ich kann mich darauf verlassen, daß Sie den Auftrag gewissenhaft erledigen?« fragte er schnell.

»Sie könnten ihn selbst nicht besser besorgen«, dienerte Monsieur und geleitete Marcel zur Tür. Sinnend sah er dem Mann nach, wie er durch das Schneetreiben davonstapfte.

Zwei Tage später brachte der SOIR auf der ersten Seite ein Bild der Durand, wie sie sich nach der Premiere ihres neuesten Filmes auf der Bühne verneigte. Sie trug einen außergewöhnlich schönen Silberschmuck von filigranhafter Zartheit.

In derselben Nummer, ganz hinten unter »Vermischte Nachrichten«, fand Monsieur Duval eine Zweizeilennotiz. Man hatte den Clochard Marcel unter dem Pont Neuf gefunden. Erfroren.

Gespräch am Wasser

Noch hatte die Nacht den Tag nicht besiegt, und über dem Fluß, den Dämmen und dem Ried lag unbestimmtes Zwielicht. Wie ein dunkler Skelettfinger wies der verfallene Landesteg weit hinaus in die träg gurgelnden Fluten.

Kulle, der alte Landstreicher, kam langsam, jeden Schritt sorgfältig wägend, über die morschen Planken gegangen, er übersprang Lücken, die sich auftaten, wo ein Brett in der unebenen Holzbahn fehlte, doch wie er die Stegspitze erreichte, blieb er stehen und murmelte etwas, das ein Fluch hätte sein können.

Ein paar Schritte vor ihm saß ein junges Mädchen und ließ die Beine über die Planken baumeln. »Wollen Sie angeln?« fragte sie und wies auf die Rute in Kulles Hand. Sie war ein hübsches schlankes Ding, sie hatte blaue Jeans an und einen weißen Pullover, und ihre hellen Haare waren kurz nach Bubenart geschnitten.

»Wenn ich nicht störe, möchte ich wohl einen Fisch herausholen«, sagte Kulle und ließ sich neben ihr nieder. Wie er sie ansah, bemerkte er, daß sie durchsichtig-graue Augen und ein paar lustige Sommersprossen um die Nase hatte.

»Haben Sie eine Angelkarte?« fragte sie.

Kulle grinste. »Wie soll unsereiner wohl an so etwas kommen?« meinte er und machte sich an seiner Gerte zu schaffen.

»Sie stibitzen also die Fische?« Mit einem schnellen Blick musterte sie seinen abgetragenen Anzug.

»Wenn Sie wollen, ja«, brummte Kulle unbekümmert. »Ich stibitze und denke mir dabei, daß der liebe Gott die Fische nicht nur für die Besitzer gestempelter Ausweise schuf.«

»Angeln ohne Berechtigungskarte ist aber verboten«, beharrte das Mädchen.

»Stimmt! Doch ein armer Hund, der Hunger hat und keine Aussicht auf eine Mahlzeit, fragt wenig nach dem Gesetz.«

»Wenn Sie arm sind, dann ist es auch kein richtiger Diebstahl«, sagte sie bestimmt. »Dann ist es nur Mundraub.«

»Sie kennen sich aus mit den Paragraphen, kleines Fräulein«, lachte der Landstreicher. »Ihr Vater ist doch nicht etwa der Herr dieser Gewässer?«

»Nein, ich bin des Schleusenwärters Tochter.«

Kulle pfiff durch die Zähne. »Ihr Papa hat einen beneidenswerten Beruf«, sagte er. »Schleusen- oder Schrankenwärter, das wäre ich auch gerne geworden.« Er hatte sein Handwerkszeug klargemacht. »Nun sehen Sie aber weg, Fräulein. Jetzt kommt nämlich die unappetitliche Seite der Angelegenheit.«

Aus der Jackentasche nahm er eine Blechschachtel und öffnete sie. In schwarzer krümeliger Erde wanden sich Regenwürmer.

»Der Mensch scharrt die Würmer aus ihrer Erde, er spießt sie auf garstige Haken, ein Fisch schnappt zu, er freut sich über den fetten Happen, und zappelt derweil selbst schon an der Angel – um verspeist zu werden«, sinnierte sie mit abgewandtem Gesicht.

»Das ist der Lauf der Welt«, meinte Kulle ungerührt und warf den Köder mit einem mächtigen Schwung in das Wasser. »Nur wird das Fatale der Geschichte nicht immer und überall so deutlich sichtbar wie beim Fischefangen.«

Sie saßen stumm und beobachteten den roten Schwimmer, der munter auf den Wellen tanzte.

»Das Warten ist das Schönste an dem Geschäft«, sagte der Landstreicher schließlich in die Stille.

»Das Warten?« Sie kehrte sich ihm mit einer jähen Bewegung zu. Ihre Augen glitzerten vor Erregung. »Warten ist gar nicht schön. Warten ist abscheulich«, sagte sie mit beklemmendem Ernst.

Oh, du liebe Güte, dachte Kulle bekümmert. Da angle ich friedlich an einem Bootssteg, das Schicksal meint es ausnahmsweise einmal gut mit mir und setzt ein reizendes Fräulein neben mich, und ich fange ein Gespräch an. Ein unverfängliches, denke ich, aber wenn mich meine Witterung nicht täuscht, habe ich soeben an der ganz und gar verkehrten Saite gezupft.

»Das mit dem Warten habe ich natürlich nur in Beziehung auf das Angeln gemeint«, versuchte er behutsam einzulenken.

Doch sie war mit ihren eigenen Gedanken beschäftigt und hörte deshalb gar nicht richtig hin.

»Das ganze Leben besteht nur aus Warten«, sagte sie, und ihr schöner Mund wurde schmal. Sie hatte das Kinn in die Hände gestützt und starrte auf das Wasser. »Man wartet auf den Beruf, das Geld. Am Morgen wartet man auf den Abend, am Montag auf den Sonnabend. Auf den Winter wartet man und auf den Sommer, auf das Leben und . . .«

»Und?« Kulle sah auf ihren gebeugten Rücken, er sah ihren weißen Hals und den hellen Flaum des Haaransatzes. Verlegen schaute sie von unten zu ihm herauf. Sie war ein wenig rot geworden.

»Tja«, sagte Kulle und legte die Angel mit einem neuen Schwung aus. »Auch auf die Liebe muß man warten. Das meinten Sie doch wohl, verehrtes Fräulein?«

Sie blickte eine Weile stumm in die Ferne, wo sich der Fluß mit dem Himmel zu vereinigen schien, und dann sagte sie über die Schulter hinweg: »Ich verstehe nicht, was am Warten schön sein soll.«

»Die Erwartung einfach, die noch alle Geheimnisse in sich birgt, und weil das, was nachkommt, meistens gar nicht so fein ist, wie man zuerst gemeint hat.«

Kulle kratzte sich den Schädel. Menschenskind, dachte er, wenn ich doch bloß wüßte, wo das Fräulein eigentlich hinaus will.

»Gut«, ließ sie sich wieder vernehmen, »ich bin einverstanden, daß das Warten seinen Sinn hat. Aber wie ist das, wenn man vergeblich wartet. Immer und immer wieder vergebens?«

Sie sah Kulle voll an. Etwas Drängendes lag in diesem Blick. Sie starrte auf seinen Mund, als erwarte sie von dort ein Urteil.

»Für viele besteht das Dasein nur aus Warten«, meinte er.

»Schauen Sie mich an; ein alter Klinkenputzer und Penner. Glauben Sie, ich habe meinen sogenannten Beruf einstmals ergriffen, wie ein anderer Schlosser, Schreiner oder was-weiß-ich wird? Nein, kleines Fräulein, meine jetzigen Umstände sind nichts anderes als die Folge von Warten. Von vergeblichem Warten. Aber ich habe . . .«

Er beendete den Satz nicht, denn plötzlich straffte sich die Angelschnur und er hatte Mühe, dem Widerstand zu leisten, der da unten irgendwo auf dem Grund angebissen hatte.

»Aber? Aber? So reden Sie doch weiter«, drängte sie. Sie achtete seiner Manöver nicht, sie wollte hören, was er noch zu sagen hatte.

Der alte Landstreicher mußte indessen einen richtigen kleinen Kampf mit seinem Fisch bestehen. Er gab Schnur zu, zog wieder an, das Wasser brodelte, der Schwimmer vollführte wilde Tänze.

»Nun reden Sie doch endlich zu Ende«, rief sie und faßte ihn an der Jacke.

Da tat Kulle ihr den Gefallen: »Ich wollte sagen, daß ich das Warten nie als etwas Schlimmes gesehen habe. Ich habe die Vorfreude genossen und weiter gewartet, wenn das nicht eintraf, was ich erhoffte. Ich bin sozusagen ein fröhlicher Warter gewesen und habe mich wartend meines Lebens gefreut. Manchmal war ich sogar richtig glücklich dabei.«

Er hatte den Fisch an die Oberfläche gezogen. Es war ein kapitaler Bursche; er wehrte sich und peitschte das Wasser, daß es Blasen und Schaum warf.

»Warum plagen Sie sich mit solchen Gedanken?« rief er dem Fräulein über die Schulter zu. »Wenn man jung ist und hübsch dazu, kann man leicht abwarten, bis einem viele Wünsche in Erfüllung gehen. In Ihrem Alter ist das Warten nur eine ganz unwichtige Vorstufe zum Glück. Auch in der Liebe.« Er lachte dröhnend.

Das Mädchen aber war weiß im Gesicht geworden. Alles Blut schien aus ihrem Antlitz gewichen.

»Schauen Sie weg, das ist nichts für Sie«, sagte Kulle, der den Fisch auf die Bretter gezogen hatte. Mit einem schnellen Griff machte er dem zappelnden Leben unter seinen Händen ein Ende.

»So, jetzt muß ich gehen«, sagte er dann und erhob sich.

»Dort, hinter dem Damm habe ich trockenes Holz gesammelt und mir ein Nachtlager gerichtet. Es wird eine königliche Mahlzeit werden.« Er fuhr sich mit der Zunge über die Lippen. »Kommen Sie mit?«

Sie nickte und stand gleichfalls auf. Wie sie neben ihm stand, reichte sie ihm gerade bis an die Schulter. Der Wind blies vom Wasser her und zauste in ihrem Haar. Kulle atmete einen flüchtigen Duft von warmer Mädchenhaut. Dann trat er zur Seite.

Sie schritt vorsichtig, tastend vor ihm her. Beim Gehen hob und senkte sich ihr Körper in rhythmischen, seltsam schlenkernden Bewegungen. Kulle sah auf ihre Beine und gewahrte, daß ein Fuß verkrüppelt und zu kurz war.

Am Ufer hielt sie ihm die Hände zum Abschied hin. Er nahm sie vorsichtig und legte für einen Augenblick sein Gesicht in die flache Schale ihrer Finger.

»Der da droben hat die Welt und das Leben für uns alle schön gemacht«, sagte er rauh. »Auch für Sie und mich. Glauben Sie einem alten Tippelbruder: Zwischen Sonnenaufgang und -untergang liegt viel umschlossen, auf das es sich zu warten und zu hoffen lohnt.«

Wie er dem Klang seiner Stimme nachlauschte, wunderte er sich, woher er die Worte nahm, die aus seinem Mund kamen.

Er wandte sich schnell von ihr weg und trollte sich über den Damm in das Ried zu seinem Nachtquartier.

Der nasse Fisch schlug klatschend an seine ausgebeulten Hosen. Er wußte, daß ihm die Mahlzeit heute nicht schmecken und daß er den Schlaf lange nicht finden würde.

Der große Clown

Ricardo war ein Junge wie tausend andere.

Wenn er trotzdem bei seinen Freunden ein ganz besonderes Ansehen genoß, so lag das allein am Beruf seines Vaters.

Ricardo der Ältere war weder Trambahnschaffner noch Werkzeugmacher, auch nicht Bäcker, Filialleiter, Ingenieur oder was immer Väter zu sein pflegen. Ricardos Papa war ein Clown. Ein richtiger Clown in einem richtigen Zirkus.

Gesehen hatten die Kinder den großen Ricardo freilich noch nicht. Der Zirkus, in dem er auftrat, war immer irgendwo unterwegs. »In Südamerika, in Norwegen oder in Hamburg«, sagte Ricardo und reichte ein Bild herum, auf dem sein Vater zu sehen war. Mit einem spitzen Clownhut und breitgeschminktem Mund; mit weiten, über und über mit Flitterzeug übersähten Hosen, weißen Strümpfen und Lackschuhen. Man mußte lachen, wenn man das Bild nur ansah. Und was er alles konnte: Am Trapez unter der Kuppel des Riesenzirkus turnen, auf Elefanten reiten, übers Hochseil laufen und den Direktor mit seinen Einfällen zur Verzweiflung bringen.

Ricardo wurde nicht müde zu erzählen: Von dem großen Dreimastzelt, den Wohnwagen, den rassigen Pferden und störrischen Kamelen, der Musikkapelle und den todesmutigen Luftakrobaten. Und von Vater Ricardo natürlich. Denn um den drehte sich alles in dem Riesenunternehmen; er war der Star, der Mann, dessentwegen Abend für Abend Tausende in den Zirkus strömten und dessen Name deshalb gleich unter dem des Direktors auf den bunten Plakaten stand.

Wie schade, daß Vater Ricardo nicht in die Stadt kam, in der sein Sohn bei den Großeltern lebte und wo eine Klasse Schuljungen nichts heißer wünschte, als einmal, ach, nur ein einziges Mal, seine großen Künste bewundern zu dürfen.

Doch eines Tages geschah es. »Vater kommt!« rief Ricardo, als er morgens ins Klassenzimmer stürmte. »Der Zirkus wird hier gastieren, und ihr seid alle eingeladen. Jeder bekommt ein Freibillett!«

Ricardos Freunde führten vor Freude wilde Indianertänze auf. Bis auf einen. »Ich habe nicht gehört, daß sich ein Zirkus angemeldet hätte«, meinte der dicke Herbert übellaunig. Er war Klassensprecher und gönnte Ricardo die Sonderstellung nicht, die dieser ohne großes eigenes Zutun einnahm. Doch die anderen überschrien ihn: »Der Zirkus kommt! Ricardo hat uns eingeladen! Wir werden seinen Vater, den großen Clown, sehen.« Bald wußte das ganze Stadtviertel um das bedeutende Ereignis.

Die Zeit bis zum Eintreffen des Zirkus dehnte sich endlos. Immer wieder mußte Ricardo seine Freunde beschwichtigen: »Noch fünf Tage; selbstverständlich sitzen wir ganz vorn in der ersten Reihe. In einer mit rotem Samt ausgeschlagenen Ehrenloge. Ganz genau werden wir alles sehen, und Vater hat geschrieben, daß er für euch ein paar Extraspäße einlegen wird.«

An einem schulfreien Nachmittag war es dann endlich soweit.

»Ihr müßt mit der Tram bis zur Endhaltestelle fahren«, hatte Ricardo gesagt. »In der Stadt fand sich kein Platz, der für den Zirkus groß genug gewesen wäre. Deshalb baute man ihn da draußen auf.«

»Seht ihr etwas von einem Zirkus?« fragte Herbert hämisch, als sie aus der Straßenbahn stiegen. Was sie sahen, waren trostlose Schafweiden, windschiefe Baracken, eine Schuttgrube und ein Tanklager. Einer deutete ins Gelände, wo in einiger Entfernung ein paar Wohnwagen standen: »Dort muß es sein. Sie haben das Zelt nur noch nicht aufgerichtet.«

Die Buben setzten sich in Trab.

Was sie dann an dem Platz vorfanden, war freilich das erbärmlichste von einem Zirkus, das sich denken läßt. Genau besehen war es überhaupt kein richtiger Zirkus. Neben alten, von der Witterung bös zugerichteten Wohnwagen hatte man um einen Rasenfleck ein Seil gespannt. Auf Pfähle genagelte, ungehobelte Bretter bildeten eine einzige, dürftige Reihe Sitzbänke. Ein kreisrundes Stück Boden war mit Sägemehl bestreut. Von einem mäßig hohen Gerüst schaukelte ein Trapez.

An der Hand eines kleinen Mannes mit einem zerfurchten Sorgengesicht kam Ricardo die Treppe eines Wohnwagens herunter.

»Ein großartiger Dreimastenzirkus ist das«, rief der dicke Herbert und deutete in den Himmel. Die anderen schwiegen betreten.

»Hier sind meine Freunde, Papa«, sagte Ricardo und tat, als habe er die böse Anspielung nicht gehört. »Und das ist mein Vater.«

Der Mann trug einen alten schäbigen Anzug, er sah unsicher über die Kinderschar und verschlang die Finger ineinander. Gleichsam entschuldigend hob er die Schulter. »Mit der großen Galavorstellung wird es heute leider nichts. Meine Kollegen, die anderen Artisten, sind in die Stadt gegangen. Sie haben diesen Nachmittag spielfrei.« Mit einer beklagenswerten Gebärde fuhr er sich durch das schüttere Haar. Er schaute den Jungen in die Augen, einem um den anderen, und er sah, wie sich helle Erwartung in graue Ernüchterung zu verwandeln anschickte.

Da straffte sich seine kleine Gestalt. In seine Augen kam plötzlich Licht. »Da ihr nun schon einmal hier seid, könnte ich die Vorstellung übernehmen. Ich ganz allein. Das heißt – natürlich nur, wenn es euch angenehm ist.«

Die Kinder waren bedrückt von der Armseligkeit des Unternehmens, sie waren enttäuscht, daß sie entgegen Ricardos Versprechen weder Tiger noch Elefanten, keinen Trapezakt und auch keine dressierten Seelöwen sehen sollten. Doch, wenn Herbert auch nörgelte: »Ricardo ist ein gemeiner Aufschneider, er hat uns elend hereingelegt«, sie nahmen die Umstände, wie sie nun einmal waren, sie setzten sich auf die schmalen Bänke und warteten, während Vater Ricardo sich umkleidete. »Eine Solovorstellung wird einem nicht alle Tage geboten«, meinte einer und lachte. Da lachten die anderen befreit mit.

Sie klatschten heftig, als der Clown aus seinem Wagen sprang. Nun erkannten sie ihn erst. Jetzt sah er genauso aus wie auf dem Bild, das sie oft betrachtet hatten: Den hohen, spitzen Hut mit den bunten Quasten auf dem Kopf, am Wams die riesigen Goldknöpfe, und die weiten, flitterglänzenden Hosen an den Beinen. Um den Hals trug er eine steifgestärkte Krause, sein Gesicht war weiß gepudert und der Mund von einem Ohr zum anderen grell geschminkt.

Prächtig sah er aus. Die Kinder jubelten.

Vater Ricardo begann mit der Vorstellung. Er machte einen Kopfstand und lief auf den Händen, er schlug Purzelbäume, verlor seine Schuhe, und es bedurfte zwerchfellerschütternder Bemühungen, bis er sie wieder eingefangen hatte. Er kletterte auf das Trapez und fiel herunter. Zwei-, dreimal, immer wieder nahm er einen Anlauf. Doch es wollte nicht gelingen.

Die Jungen sahen die trostlose Umgebung längst nicht mehr. Sie sahen auf den Clown, der ein wahres Feuerwerk an Späßen abbrannte. Er spielte auf einer handgroßen Geige, auf einer halbmeterlangen Mundharmonika und einem dicken Bombardon, das nicht funktionierte, weil, wie sich später herausstellte, ein weißes Kaninchen in der Öffnung saß. Sie klatschten und jubelten, sie sprangen von den Sitzen hoch, wenn es Vater Ricardo ganz toll trieb, und sie hielten sich die Seiten, weil ihnen vom Lachen der Atem zu kurz wurde. Es war ein Riesenspaß, und der Clown, von der Begeisterung seiner Zuschauer mitgerissen, schlug immer verwegenere Kapriolen und überbot sich mit übermütigen Einfällen. Er zerrte ein mageres Pony herbei, um sich als Reiter zu produzieren. Natürlich fiel er aus dem Sattel. Er tanzte auf dem Seil, lief auf allen vieren wie ein Hund, er sprang und hüpfte, er rang nach Luft – und drückte verstohlen die Hand gegen das von der Anstrengung schmerzende Herz.

Viel zu schnell verflog die Zeit, und als sich Vater Ricardo nach einem letzten, gewaltigen Luftsprung endlich verbeugte, prasselte Beifall auf ihn nieder, so viel Beifall, als habe er nicht vor einer einzigen Schulklasse, sondern vor tausend Zuschauern gespielt.

Zum guten Ende schenkte er jedem eine Postkarte mit seinem Bild. Sie reichten ihm zum Dank die Hand, sie machten tiefe Verbeugungen dabei und gingen, das großartige Ereignis laut besprechend, schließlich hochbefriedigt davon.

Der Clown sah ihnen nach. Er nahm den Hut ab und wischte sich mit dem Taschentuch die Stirn. »Wie war ich? War ich gut?« stieß er den neben ihm stehenden Ricardo an. »Glaubst du, sie waren zufrieden? Oder werden sie dich morgen verhauen, weil du den Mund zu voll nahmst?«

»Du warst großartig, Vater«, strahlte Ricardo. »Einmalig warst du. Du bist der größte, der allergrößte, der wunderbarste Clown!«

»Wirklich? Das freut mich!« Er freute sich wahrhaftig. Durch Puder und Schminke hindurch konnte man erkennen, wie er lachte. Ricardo griff nach seiner Hand und hielt sie fest. »Aber Vater«, sagte er verwundert. »Warum weinst du, wenn du dich freust? Du lachst und weinst zu gleicher Zeit?«

»Ich weine? Nein! Du mußt dich geirrt haben, Junge. Ein Clown weint nicht!« Vater Ricardo wischte sich mit dem Handrücken schnell die Augen. »Komm!« sagte er. »Du mußt mir noch viel von deinen Freunden erzählen.« Und er lief auf den Wohnwagen zu. So rasch, daß ihm Ricardo kaum zu folgen vemochte.

Die Panne

Aus dem Tagebuch des Schülers Heribert M.

Ich habe es hinterher ausgerechnet: Wir waren noch genau 521 Kilometer von unserem Ferienort auf Istrien entfernt, als es plötzlich vorn rechts rumpelte und Vater sagte: »Ich will Stockfisch heißen, wenn das nicht ein Plattfuß ist.« Er hielt an, und nachdem er die Bescherung untersucht hatte, meinte er: »Das haben wir gleich! Eine Kleinigkeit. Wenn ihr wollt, könnt ihr, während ich den Reifen wechsle, sogar im Wagen sitzen bleiben.«

Wir stiegen aber doch aus, und das war gut, denn Vater hatte vergessen, die Handbremse anzuziehen, und als das Auto ganz hoch gekurbelt war, kippte der Wagenheber mit einem fürchterlichen Krach um und unser schönes Automobil lag mit der radlosen Achse vorn rechts auf dem Boden. Es sah wahnsinnig komisch aus, und Mutter rief: »Hoffentlich hält die Thermosflasche mit dem Milchkaffee dicht, sonst läuft alles in das Gepäck.«

Dann kam eine Polizeistreife. Der Polizist verlangte, daß wir auf der Stelle die Autobahn räumten. Vater erwiderte etwas, und am Ende stritten sie sich heftig. Vater mußte seine Papiere herzeigen, und der Mann in der Uniform sagte, er würde ein Protokoll machen, von wegen Beamtenbeleidigung und so.

Dann hatten wir Glück, denn es kam einer von der Pannenhilfe des Automobilclubs, und in zehn Minuten war alles in Ordnung, und wir konnten weiterfahren. Aber schon nach ein paar hundert Metern sagte Vater, die Steuerung funktioniert nicht, und der Pannenmann, der uns gefolgt war, meinte, offenbar sei etwas an unserer Lenkung kaputtgegangen und wir dürften nicht weiterfahren. Wir stellten das Auto auf der Pannenspur ab, und weil uns die Aufregung hungrig gemacht hatte, aßen wir die belegten Brote auf, die eigentlich erst an der Landesgrenze drankommen sollten.

Als wir fertig waren, kam ein Kranwagen und hievte unser Auto hoch, und der Chauffeur sagte, es wäre nicht schlimm, in zwei Stunden sei der Schaden leicht behoben. Meine Schwester und Mutti fuhren mit dem Werkstattwagen, und Vater und ich gingen zu Fuß. Es waren vier Kilometer bis zu dem Dorf, aber wir brauchten zwei Stunden, weil wir uns verlaufen haben.

Der Mann von der Werkstatt sagte, spätestens bis zum Nachmittag wären wir wieder flott und bis dahin sollten wir in die »Sonne« gehen. Vater war furchtbar wütend. Auf den Polizisten, das Auto und die Panne, und als wir gegessen hatten, stöhnte er: »Noch mehr solche Zwischenfälle – und wir haben die Reisekasse durchgebracht, bevor wir an Ort und Stelle sind.«

Ich ging mit meiner Schwester in das Dorf. Hinter dem Feuerwehrhaus standen ein paar Jungen, und sie sagten, daß sie mit uns raufen wollten, weil sie wissen möchten, ob wir aus der Stadt auch so stark wären wie sie. Sie waren aber stärker, und als ich es merkte, rief ich meiner Schwester zu, sie solle ausreißen, und wir liefen zurück zur »Sonne«, aber wir mußten über den Bach, und weil wir es so eilig hatten, verfehlte meine Schwester das Brett, das darüber lag, und fiel hinein. Es war ganz furchtbar sumpfig.

Meine Eltern saßen im Wirtsgarten und tranken Bier, und mein Vater machte ein Gesicht, wie er es immer macht, wenn das Zusammenleben in der Familie schwierig ist, und die übrigen Gäste sahen ihn an, und von ihren Gesichtern war leicht abzulesen, daß sie darauf lauerten, er würde meine Schwester verhauen, weil sie von oben bis unten mit schwarzem Schlamm verdreckt war. Doch Vater stand auf, legte seinen Arm um meine Schwester und ging mit ihr in die »Sonne« zum Abwaschen.

»Jetzt hat er sich auch noch den schönen hellen Anzug schmutzig gemacht«, stöhnte Mutti.

Am Nachmittag haben wir Kaffe und Kuchen gegessen und zuvor und hinterher Limonade getrunken, und Vater hat gesagt, am besten ist es, wenn wir wieder umkehren, weil es so teuer war.

Später ist er mit mir in die Werkstatt gegangen, aber der Mechaniker hat erklärt, daß es bis zum Abend dauert, weil er zuerst den Mähdrescher vom Bürgermeister reparieren müßte.

Zum Abendbrot haben wir Leberknödelsuppe und Kalbshaxe mit Kartoffelsalat gegessen, und hinterher gab es Salzburger Nokkerl. Die Kellnerin hat mich gelobt, weil ich beim Essen so gut in Form war und sie mir soviel nicht zugetraut hätte. Vater mußte alles bezahlen, und dabei hat er ganz grimmig dreingeschaut. Nachher haben wir »Mensch ärgere dich nicht« gespielt, und der Werkstattmann hat seinen Lehrling geschickt und ausrichten lassen, daß die Reparatur erst am anderen Vormittag fertig wird, und die Sonnenwirtin hat gemeint, das habe sie sich gleich gedacht, und unsere Zimmer wären deshalb schon seit dem Nachmittag gerichtet.

Meine Schwester und ich haben in einem Zimmer geschlafen, und meine Schwester hat sich gefürchtet, weil das Klo eine Treppe tiefer war und die Treppen fürchterlich geknarzt haben, wenn man hinunter mußte.

Bevor ich eingeschlafen bin, habe ich durch die angelehnte Tür gehört, wie unser Vater nebenan zu Mutter sagte: »So eine Katastrophe und das gleich am ersten Tag! Kann einem da nicht die ganze Urlaubsfreude vergehen?«

Vater ist eben manchmal schwierig, und ein wenig komisch ist er auch. Ich jedenfalls habe gebetet, daß es so weiter gehen möge. »Lieber Gott«, habe ich gesagt, »jeden Tag eine richtige Panne, und es werden die schönsten und abenteuerlichsten Ferien, die ich jemals hatte.«

Hase auf bretonische Art

Seit kurzem wohne ich auf dem Lande. Dem Himmel sei Dank, daß ich dem Steinmeer der Großstadt, seinem Lärm, den schlechten Gerüchen und dem nervenverzehrenden Gehaste und Getue entronnen bin.

Auf dem Land lebt man anders als in der Stadt. Ruhiger und frömmer und in Tuchfühlung mit der Natur. Ich habe einsehen gelernt, daß mir der Herrgott die Füße vornehmlich zum Laufen und nicht nur zum Bedienen von Automobilpedalen wachsen ließ, und die Kinder glauben uns endlich, daß die Milch von einer lebendigen Kuh kommt, und nicht von einem Industriebetrieb fabriziert wird. Meine Frau schimpft zwar, daß ich mich, anstatt an meinem Schreibtisch zu arbeiten, halbe Tage lang in der Umgebung herumtreibe, aber insgeheim freut sie sich, daß ich nicht mehr über Herzschmerzen klage und neuerdings sogar zwei Stufen zugleich nehme, wenn ich die Treppe hinaufsteige.

Wer aus der Stadt aufs Land flüchtet, erleidet das Schicksal aller Emigranten: Er begibt sich zunächst in die gesellschaftliche Isolation. Gewiß, unsere Freunde haben uns nicht vergessen. Sie kommen angefahren und bringen Großstadtluft und den letzten Gesellschaftsklatsch mit. Sie wundern sich, daß die Welt bei uns so groß und die Wege so schlecht sind und daß wir so gesund aussehen. Die Damen sind geradezu wild auf Natur; sie stöckeln auf hohen Absätzen über Feldwege, die nicht dafür angelegt sind, und sie ziehen die Näschen hoch, weil Misthaufen immer noch nach Mist duften und nicht nach Chanel Nr. 5.

Ihre Männer sind meistens schon nach einem kurzen Fußmarsch müde, erschöpft und ausgepumpt, und obwohl sie noch nie in meinem Dorf waren, finden sie den kürzesten Weg zum Postwirt mit schlafwandlerischer Sicherheit. Bevor sie sich am Abend wieder in ihre blechernen Chauseeschrecken zwängen, klopfen sie mir die Schulter und beglückwünschen mich zu meinem Entschluß, aufs Land gezogen zu sein.

Aber ich weiß schon: Kaum sind sie um die nächste Ecke, sagen sie zu ihren Begleiterinnen: »Ganz schön und gut, das Landleben; aber doch schrecklich unaufregend und provinziell. Nicht einmal einen richtigen Whisky-Saloon haben sie in dem Kaff.«

Mit der Zeit kommen die Freunde aus der Stadt seltener. Auf sie ist kein Verlaß. Doch der Mensch kann nicht leben wie auf einer gottverlassenen Insel. Er braucht Freunde; er bedarf des Umgangs mit seinesgleichen zu seinem Glück. Nun gilt aber ein Stadtmensch, der aufs Land kommt, nicht viel. Er steht als Eindringling einer gewachsenen, festgefügten Gemeinschaft gegenüber. Ihm wird mit Mißtrauen begegnet. Mir jedenfalls ging es so.

Ja, wenn ich als Bauer zu Bauern gekommen wäre! Aber was soll der Landmann schon von einem halten, der bis tief in den Morgen hinein schläft unnd bei dem die Lampe noch nach Mitternacht brennt? Wer hier draußen bestehen, es zu Ansehen, Geltung und Freunden bringen will, der sollte ein ordentliches, handfestes Gewerbe haben und nicht davon leben, daß er unschuldiges Papier mit Stift und Schreibmaschine zu Makulatur entwertet.

Die Gardinen hingen noch nicht richtig an den Fenstern, da hielt ein Bauernfuhrwerk vor dem Haus; ein abenteuerlich langer, dürrer Mann kam durch den Vorgarten gestakt und steckte seine Raubvogelnase durch die Tür.

»Ich bin der Jäger-Martin, braucht Ihr Kartoffeln?« sagte er.

Mit »Ihr« meinte er mich und nicht etwa die Familie. In der Gegend, in der ich mich angesiedelt habe, werden die, die man nicht kennt, die nicht dazugehören, stets in der dritten Person angeredet. Wir brauchten Kartoffeln, und der Jäger-Martin brachte uns herrlich gelbe Erdäpfel, so gut wie wir sie noch nicht gehabt hatten. Später lieferte er auch Eier und Hausgeräuchertes und zum Martinstag eine Gans und an Weihnachten den Christbaum.

Warum der Martin »Jäger-Martin« hieß, erfuhr ich gerüchteweise. Er hatte es mit der Jagd. Mit der illegalen, jagdscheinlosen, und vor Jahren soll er deshalb einmal sogar mit Polizei und Gerichten böse zusammengeraten sein. Der Postwirt, der neben seinem Gasthaus den stattlichsten Hof im Dorf besaß und deshalb auch das größte Ansehen genoß und am meisten zu sagen hatte, behauptete, der Jäger-Martin wäre ein schlechter Mensch. Doch der Schenker war in dieser Sache Partei. Hintenherum kam mir nämlich zu Ohren, daß er dem Martin deshalb gram war, weil dieser, der neben einer kleinen Ökonomie noch das Gelegenheitsgeschäft eines Heiratsvermittlers betrieb, dem Postwirt vor langer Zeit einmal eine Braut anschmusen wollte, die sich bei näherem Zusehen als ein hexenhäßlicher, kratzbürstiger Weibsteufel entpuppte.

Als der Wirt erfuhr, daß mir der Martin den Christbaum geliefert hatte, rief er nach seinem Gehilfen: »Lauf gleich in den Jungwald«, befahl er, »und schau nach, ob er ihn aus meiner Schonung geschnitten hat.« Wie ich später erfuhr, ist bei der Sache aber nichts herausgekommen.

Eines Tages stand der Jäger-Martin wieder vor meiner Tür.

»Braucht Ihr einen Braten für den Sonntag?« fragte er, griff in einen Sack und holte einen kapitalen Feldhasen bei den Ohren heraus.

Am Sonntag, nach gehabtem Wildschmaus, erkundigte sich meine Frau vorsichtig: »Gibt es eigentlich so was wie Jagdfrevel-Hehlerei?« Ich wußte es nicht.

So sehr ich mich auch um seine Freundschaft bemühte, meine Beziehungen zum Jäger-Martin blieben auf das Geschäftliche beschränkt.

Wenn er mir auf der Dorfstraße begegnete, erwiderte er kaum meinen Gruß, und beim Postwirt tat er, als kenne er mich nicht. Er hockte mit den anderen Einheimischen am Stammtisch, und ich saß allein in einer Ecke und trank den ausgezeichneten Wein, den der Postwirt auf mein Anraten anstelle des sonst üblichen Säuerlings angeschafft hatte. Ich gehörte nicht dazu, ich war nur geduldet.

Ich litt unter dem Zustand, und eines Tages sagte meine Frau: »Du mußt den Postwirt einladen. Er ist der Bürgermeister, und wenn die anderen sehen, daß wir Umgang mit ihm haben, werden sie dich schon in ihren Kreis aufnehmen. Du zeigst ihm die vielen Bücher und deine Briefmarkensammlung und liest ihm eine selbstgestrickte Geschichte vor, und ich mache Hasenbraten nach bretonischer Art. Feinschmecker muß man mit dem Kochlöffel becircen.«

Ich ging zum Jäger-Martin und bestellte einen Hasen. »Aber ein extra schöner muß es sein. Ein Renommierhase gewissermaßen. Der Bürgermeister ist am Sonntag mein Gast«, sagte ich.

»Der Postwirt kommt zu Euch?« Der Martin sah mich ungläubig an. Aber dann ging es plötzlich wie Sonne über sein verschmitztes Angesicht. »Für den Fall sollt ihr einen besonderen Hasen haben. Einen, mit dem ihr beim Bürgermeister Ehre einlegen könnt«, meinte er.

Der Besuch des Ortsgewaltigen in meinem Haus wurde zu einem runden Erfolg. Er bewunderte die Bücher, die Briefmarken und heftete sich meinen schönsten Faschingsorden an die Brust, und er machte ein Erholungs-Nickerchen, während ich meine beste Geschichte vorlas. Endgültig gewonnen aber wurde er für uns durch die Kochkunst meiner Frau. Der bretonische Hase schmeckte ihm so gut, daß er kurzentschlossen Messer und Gabel beiseite legte und dem Tier mit dem Naturbesteck zu Leibe ging. Für die Familie blieb nicht viel übrig. Bevor er ging, hieb er mir seine Pranke ins Kreuz und dröhnte: »Großartig war es bei dir, Dichter. Ich komme gern wieder!« Er sagte tatsächlich »du« zu mir.

Auch der Jäger-Martin sagte »du«, als ich ihn am anderen Tag auf dem Kirchplatz traf.

»Wie hat er geschmeckt, der Has?« fragte er schlitzohrig. »Hab' ich ihn dir nicht fein hergerichtet und gespickt?« Ich griff in die Tasche und angelte nach einem Silberling als Extrahonorar.

»Herrlich war das Tier. Ein Prachtexemplar. Der Postwirt hätte ums Haar seine Finger mitgegessen vor Begeisterung.«

Ohne daß ich den Grund dafür erkennen konnte, schlug der Martin mit einem Mal ein wildes Gelächter an. Er hieb sich den Bauch und schüttelte sich in Lachkrämpfen.

»Wenn du wieder so einen feinen Hasen für den Bürgermeister brauchen solltest, mußt du es nur sagen«, gröhlte er.

Die Erklärung für den überraschenden Heiterkeitsausbruch meines Hauslieferanten bekam ich gleich darauf, als ich beim Postwirt einkehrte.

»Wo war der Hase her, den wir gestern verspeisten, Dichter?« fragte er mit verdächtiger Milde in der Stimme.

»Vom Jäger-Martin«, gab ich nichtsahnend Bescheid.

»Also vom Martin, dem schlechten Menschen«, schnaufte der Wirt bedrohlich. »Es ist schon sehr eigentümlich: Seit vorgestern ist nämlich mein, auf internationalen Ausstellungen sechsmal preisgekrönter Riesenschecken-Hochzucht-Edelrammler ›Schorschi‹ aus dem Hasenstall verschwunden. Kannst du da vielleicht gewisse Zusammenhänge herausdividieren, Dichter?« Seine Stimme zitterte vor verhaltener Wut.

Nun bedurfte es meinerseits freilich weiter keiner großen kriminalistischen Überlegungen. Der Fall war klar. Aber wie schon manches andere Mal, konnte der Bürgermeister dem Jäger-Martin auch diesmal nichts anhaben. Gesehen hatte niemand etwas, und das Corpus delicti war verspeist.

Der Postwirt ist seitdem mein Feind. Mein geheimer allerdings. Denn bevor ich den Wein, den er im Keller für mich liegen hat, nicht ausgetrunken habe, wird er sich nichts anmerken lassen und mir nicht ins Gesicht sagen, daß er auch mich für einen schlechten Menschen hält, weil ich nach seiner Meinung mit dem Jäger-Martin unter einer Decke steckte.

Doch wie immer auch die Dinge sich entwickeln mögen: Ich sehe ihnen mit zufriedener Gelassenheit entgegen.

Endlich gehöre ich dazu.

Denn ich habe einen Freund und einen Feind, die beide »du« zu mir sagen. Nach der Lebenserfahrung ist der eine so wichtig wie der andere, um als gesellschaftsfähig zu gelten.

In meinem Dorf so gut, wie anderswo.